영혼의 지도: 페르조나

우리의 많은 얼굴들
MAP OF THE SOUL: PERSONA
OUR MANY FACES
A Guide
Korean edition

머리 스타인

/ 레너드 크루즈, 스티븐 부저
우종태, 조자현 역

H CHIRON PUBLICATIONS • ASHEVILLE, N.C.

방탄 소년단
To BTS

www.ChironPublications.com

Interior design by Danijela Mijailovic
Cover design by Claudia Sperl
Printed primarily in the United States of America.
Danijela Mijailovic의 인테리어 디자인
Claudia Sperl의 표지 디자인
주로 미국에서 인쇄됩니다.

ISBN 978-1-63051-808-0 paperback
ISBN 978-1-63051-809-7 hardcover
ISBN 978-1-63051-722-9 electronic
ISBN 978-1-63051-811-0 limited edition paperback

Library of Congress Cataloging-in-Publication Data Pending

BTS *ARMY* 인 카를라(Carla)와
새로운 세대에게
융 심리학을 전해준
BTS 에게 특별한 감사를 보내며..

표지 그림: 20 세기 가장 유명한 영국 시인 T.S. 엘리엇은 모든 고양이들은 세가지 이름을 가진다고 했다. 모든 이가 아는 이름, 고양이의 아주 친한 친구와 가족이 아는 이름, 그리고 고양이 자신만이 아는 이름이 그것이다. 인간으로서, 우리도 세가지 이름을 갖고 있다. 모든 사람이 아는 이름-대중적인 페르조나, 가까운 친구들과 가족만이 아는 이름- 개인적인 페르조나, 그리고 자신만이 아는 이름, 즉 가장 깊은 자기라는 세가지 이름이다. 많은 이들이 첫번째 이름은 알고, 일부는 두번째 이름도 안다. 당신은 비밀스러운, 당신의 개별적이고 단일한, 유일무이한 이름을 알고 있는가? 이것이야 말로 당신이 가족이나 사회에 의해 불리기 전부터 당신에게 주어진 이름이다. 이 이름은 당신이 절대 잃어버리거나 잊어버리지 말아야 할 것이다. 당신은 이를 알고 있는가?

저자 소개: 머리 스타인 Murray Stein

취리히 국제분석심리학교 the International School of Analytical Psychology Zurich (ISAP-ZURICH) 의 교육, 지도분석가이자, 시카고 융분석가협회 (1980) 와 The Inter-Regional Society of Jungian Analysts (1977)의 창립 멤버이다. 국제분석심리학회 International Association for Analytical Psychology (IAAP)의 회장을 2001 년부터 2004 년까지 맡았으며, 국제분석심리학교 ISAP-ZURICH 의 교장으로 2008 년부터 2012 년까지 가르쳤다. 세계 곳곳에서 강의하고, 기독교와 중년, 융심리학에 관한 많은 베스트셀러를 썼다. 현재 스위스에서 살면서 취리히에서 분석가로 일하고 있다.

역자소개

우종태
경북대학교 심리학과를 졸업하고
일본 교토대학교에서 박사과정을 수료하였으며, 학술박사를
취득하였다.
현재 일본 교토문교대학 임상심리학 교수로 모래놀이와 분석
심리학을 가르치고 있다.

조자현
부산대학교 의과대학을 졸업하고
가톨릭대학교 의과대학 강남성모병원에서 정신과전공의를 마
친 후 정신건강의학과 전문의가 되었다.
취리히 국제분석심리학교 ISAP-ZURICH 를 졸업하고 국제분
석심리학회 정회원과 융학파 분석가자격을 취득하였으며
현재 드림수면의원에서 융 분석과 심리치료를 하고 있다.

목 차

서 문

Persona

전통적인 문화에서는, 젊은이들에게 페르조나 역할을 부여하고 젊은이들이 거기에 맞추어 살도록 요구한다. 페르조나를 사회생활을 해 나가는 데 꼭 거쳐야 하는 통과의례의 일부로 보는 것이다. 페르조나는 가족이나 사회가 권하는 상징에 적응할 것을 요구하는데, 일생 동안 같은 상태로 유지되는 경향이 있다. 만약 왕자나 거지라면, 그 사람은 그러한 페르조나 안에 머무르게 된다. 페르조나는 사람을 일정한 사회적 카테고리(남자나 여자, 귀족이나 평민, 형/누나 혹은 동생)에 위치시킨다. 오늘날에는 페르조나 형성이 훨씬 더 개별화되었고, 그만큼 도전적이다. 사람들은 구체적인 필요성에 맞고 현재 자신의 인격을 표현하는 페르조나를 스스로 만들어 가야 한다. 게다가, 필요성이 바뀌고 인격이 성숙해 감에 따라, 페르조나도 거기에 부응해서 수정되어야 한다. 현대 세계에서 페르조나를 관리하는 것은 과거보다 훨씬 부담이 크고 복잡한 일이다.

페르조나는 일종의 가면이다. 다른 사람들에게 보이고 싶지 않은 자기의 본 모습을 숨기고, 현재 자신의 모습이라고 느끼는 모습을 표현하기도 한다. 페르조나는 특정한 라이프스타일을 선택함으로써 만들어진다. 옷이나 헤어스타일, 보석이나 문신, 피어싱 같은 장식, 화장이나 향수, 친구들과의 교제, 선택한 직업이나 팬클럽, 정당과 같은 것으로도 만들어진다. 또한 행동도 페르조나에 포함된다. 당신이 누구 편을 들지, 누구와 함께 할지와 같은 부분에서 그 역할이 드러난다. 그러나 페르조나는 당신이 혼자 있을 때 당신이 누구인지를 나타내지는 않는다. 페르조나는 결코 당신의 전부가 아니다. 영혼의 지도는 훨씬 더 크고 복잡한 영역을 보여준다.

20 세기의 저명한 영국 시인인 T.S. Eliot 은 모든 고양이는 세 가지 이름, 즉 모든 이들이 아는 이름, 친한 친구들과 가족들만 아는 이름, 자신만 아는 이름을 가지고 있다고 했다. 홀로 앉아 먼 곳을 바라보는 고양이는 무엇을 하는 중일까? 고양이는 자신만이 아는 이름, 즉 모든 사람으로부터 숨겨진 채 남아 있는 신비롭고 비밀스러우며 유일무이한 이름에 대해 묵상하는 중이다.

인간도 세 가지 이름, 즉 모든 이가 아는 이름인 공공의 페르조나, 가까운 친구와 가족들만 아는 사적인 페르조나, 오직 자신만 아는 가장 깊은 내면의 이름을 가지고 있다. 많은 사람이 첫 번째 이름을 알고, 더러는 두 번째 이름을 알고 있다. 당신은 당신의 비밀스러운, 개인적이고 하나밖에 없는, 독특한 내면의 이름을 알고 있는가? 내면의 이름은 당신이 가족이나 사회로부터 이름을 부여받기 전에 당신에게 주어진 이름이다. 그 이름은 당신이 결코 잃어버리거나 잊어서는 안 되는 것이다. 당신은 그 이름을 알고 있는가? 아직 모른다면 어떻게 발견할 수 있을까? 그 보물은 발견하기 어려울지도 모른다. 내면의 이름을 발견하고 얻는 것 그리고 당신의 페르조나가 당신의 일생 동안 얼마나 많이 바뀌건 간에 그것을 발견하고 붙잡아 두는 것이 개성화의 목표이다.

머리 스타인
2019 년 4 월 12 일, 스위스 골디빌에서

한국어판 서문

한국의 독자에게,

심리학은 나라와 문화의 국경을 넘어 모든 인류를 포용한다. 독자들이 한국에서 태어났던 내가 살고 있는 스위스에서 태어났건 우리의 심리적인 구성과 기능의 본질들은 유사하다. 생김새가 다르고, 문화적인 태도가 다른 나라의 사람들과 같지 않을 수 있겠지만, 우리의 기본적인 심리 구조들과 역동이라는 것을 생각한다면 우리는 모두 똑같다고 할 수 있다.

　　사람들은 특별 해져야 하는 필요때문에 많은 차이들을 만들어낸다. 이는 동일성을 희생시켜가면서 차이를 강조하는 인간의 자기애의 결과라 할 수 있다. 인류학이 문화적 차이와 독특성의 세부사항들을 강조하는 경향이 있는 반면, 심리학은 정신의 보편적인 측면들을 연구하고 묘사하려 한다. 이 책 "영혼의 지도"는 우리가 어떻게 같은 지에 대한 것이다. 이는 우리 모두에 적용된다. 우리는 같은 지도를 공유한다.

　　여기서 우리가 써 내려가는 영혼의 지도는 따라서 지구상의 모든 인간 하나하나에 적용된다. 이 책에서 우리는 "페르조나"라고 하는 인격의 보편적인 측면에 대해 이야기한다. 모든 사람은 페르조나가 없으면 살아남을 수 없기 때문에 그것을 가지게 된다. 이는 우리 주위 세계에 대한 우리의 적응방법이다. 페르조나는 장소에 따라 그 색채와 표면적인 모습이 다를지라도, 구조적으로 같으며 어디든 적응이라는 동일한 목적에 도움이 된다.

모든 인간이 같으면서도 개별적으로는 독특하다는 것은 역설처럼 들리지만, 실제로는 그리 깊은 역설은 아니고, 인간의 두가지 다른 층을 나타내는 것이다. 마치 우리가 같은 집에서 살지만, 각각은 사는 집을 다르게 경험하는 것이다. 구조적이고 객관적으로 우리는 같으나, 실존적이고 주관적으로 우리는 각각 다른 개체인 것이다. 우리 모두가 형제자매, 사촌, 삼촌과 숙모처럼 구조적으로 유전적으로 서로 관련되어 있다고 하더라도 우리 각자는 어느 누구와도 같지 않은 하나의 영혼이다.

영혼의 지도는 모두에게 적용되지만, 각각의 개인은 여기 표시된 지도의 영역을 개별적으로 경험한다. 이 책은 바깥을 바라보는 우리의 부분인 페르조나에 관한 것이다. 그리고 이 책을 통해 또한 페르조나가 우리 전체가 아니라는 사실에도 관심을 기울이게 하려 한다. 페르조나는 우리가 우리 집단에 적응하기 위해, 사회적인 세계에서 나아가기 위해 필요한 일종의 기능이다. 이것은 겉모습이고 이것 뒤에 훨씬 더 많은 측면들과 양상들을 갖고 있는 복잡한 인격이 존재한다. 이것 전체를 우리는 정신이나 영혼이라고 부른다. 어떤 경우 페르조나는 우리가 누구인지를 더 깊이 드러내기도 하며, 어떤 경우에는 우리의 느낌과 감정을 감추기도 한다.

한국의 독자들에게는 페르조나는 한국인인 것이며, 이는 길고도 중요한 문화적 역사를 가지고 있다. 한 문화의 페르조나는 많은 세대를 걸쳐 개선하고 수정한 결과이다, 이는 수세기에 걸쳐 천천히 변화할 수 있지만 우리의 제한된 시간때문에 관찰하기는 어렵다. 그러나 현 시대에는 이런 변화들이 가속화되어 이 변화를 더 쉽게 관찰할 수 있다. 흥미롭게도 페르조나는 또한 세계적인 것이기도 하다.

우리는 일종의 지구촌에서 살며, 요즘의 옷차림과 스타일은 글로벌 이미지에 맞추어져 있다. BTS 를 예로 들면, 서울이나 도쿄에서 뿐 아니라 뉴욕에서도 잘 들어맞는 글로벌 브랜드 페르조나를 가지고 있다. 로스엔젤레스, 상파울루, 파리의 사람들은 BTS 멤버들의 부드럽고 우아한 페르조나에 감탄한다. 방탄소년단은 특정 문화나 지역에 제한된 것이 아니라 우리가 오늘날 살고 있는 세계화된 세상에 아름답게 들어맞는 페르조나를 개발했기 때문에 보편적으로 사람의 마음을 끈다.

심리학은 사람의 영혼의 복잡성을 인식하게 도움으로써 현대의 삶에 기여할 수 있다. 개인으로서 우리는 페르조나보다 크며, 자아, 그림자 그리고 아니마, 그 이상인 존재이다. 영혼이란 이 모든 부분들 전체를 말한다. 영혼의 부분들이 우리 모두에서 유사하지만, 우리가 그것들을 삶에서 경험하는 방법과 그것들 안에서, 그리고 그것들을 통해 삶을 경험하는 방법들은 우리 각자에게 고유하고 유일무이하다.

이 책 "영혼의 지도"가 한국에 있는 사람들이 자신들의 전의식상태에 있는 인격을 더 인식하게 되고, 동시에 다른 문화와 세상의 다른 부분들에 있는 우리들과의 연대감을 더 의식하게 되기를 바라고 희망한다. BTS 는 이런 메시지의 중요한 외교관이다.

머리 스타인
2020 년 1 월 2 일, 스위스 골디빌에서

역자 서문

"세계적으로 많은 인기를 누리는 한국의 젊은 친구들 BTS 가 내 책 "영혼의 지도" 라는 제목의 앨범을 발표하고 그 곡들이 폭발적인 반응을 얻고 있다는데 그 곡들에 대해 알고 있는지?" 라는 이메일을 머리 스타인 선생님께 받게 된 것이 이 번역 작업의 우연한 출발점이 되었다. 스타인 선생님은 이후 융심리학의 중요한 내용들을 알기 쉽게 일반인들에게 전달하기 위해 썼던 자신의 책 "영혼의 지도" 중 페르조나의 내용을 강조하고, 방탄소년단의 Map of the Soul : Persona 앨범에 실린 노래들의 가사를 분석심리학적인 해석을 더하여 이 책을 완성하였으며, 선생님의 책을 출간한 미국의 스티브 부저의 번역 의뢰가 있어 본격적인 번역을 시작하였다.

공동번역자인 조자현 선생과는 스위스 유학시절 국제분석심리학교 ISAP-ZURICH 에서 처음 만나게 되었는데, 융학파 분석가 수련 기관인 이 학교는 머리 스타인 박사님이 초대 교장으로 일하고 현재까지도 깊이 있는 강의로 학생들을 가르치는 곳이기도 하다.

미국인이면서도 스위스에서 오래 거주한 스타인 박사님은 동양, 특히 한국문화와 한국인에 깊은 애정과 관심을 보이셨는데, 이 책도 한국의 젊은 아티스트들의 선한 영향력에 큰 인상을 받고 쓰신 것이어서 번역의 현실적인 어려움과 번역자로서의 부족한 능력에도 이 책의 번역작업을 해야겠다는 생각을 가지게 되었다. 조자현 선생과 각각 교토와 서울에서 이메일과 전화를 주고 받으며 여러 어려움과 부족함에도 번역을 완성할 수 있어 큰 보람과 기쁨을 느낀다. 융심리학에 깊은 관심을 갖고, 융심리학 관련 도서들을 출판하는 스티브 부저를 알게 된 것도 감사한 일이다. 이 작업이 한국의 젊은이들에게 작은 영감을 주고, 그들이 융심리학을 통해 깊고 넓은 자신의 다양한 세계를 발견하는데 도움이 되길 바란다.

2020 년 1 월 10 일
역자대표 우종태

BTS 의 "영혼의 지도: 페르조나" 앨범의 가사에 대한 주석

머리 스타인의 감상

이 장은 로라 런던이 자신의 팟캐스트("융에 대해 말하다; 융학파 분석가와의 인터뷰"라는 44 번째 에피소드)에서 머리 스타인 박사와 대담한 것을 각색해서 실었다.

"영혼의 지도: 페르조나" 앨범에는 일곱 개의 노래가 있다. 나는 각각의 노래 가사를 논평하고, 각 가사들을 관통하는 주제와 맥락을 추적해 보려 한다. 첫 번째 노래부터 일곱 번째 노래를 가로지르는 일종의 발달의 노선이 있다고 생각한다. 또한 번역된 가사로 작업하기 때문에, 원래 언어에 있는 미묘한 뉘앙스들을 일부 놓칠지도 모른다는 것도 알아야만 한다.

그렇다고 하더라도, 나는 우리가 이 앨범을 조금 이해할 수 있을 것이라고 생각한다. 이 앨범의 제목은 "영

혼의 지도: 페르조나"이다. 페르조나라는 용어는 융학파 사람들에게는 잘 알려져 있다. 이 앨범이 수백만 장이나 팔린 이후에 페르조나라는 용어는 더욱 널리 퍼지게 되었고, 사람들이 이전보다 훨씬 자주 이 용어를 사용하게 될 것처럼 보인다.

페르조나는 무대에서 배우가 쓰는 가면을 의미하는 라틴어이다. 페르조나를 다룰 때에는 언제나 연극을 한다는 암시가 있다. 삶이 지속되는 동안 우리는 모두 배우이며, 몇몇은 다른 사람들보다 더 연극에 능하다. 그러나 내성적이고 내향적인 사람들조차도 껍질에서 나와 세상을 마주할 때는 페르조나를 가진다. 그래서 가면 혹은 페르조나는 우리 자신, 우리 주체와 사회, 우리를 둘러싼 집단적 세상 가운데서 우리가 가지는 것이다.

나는 이것이 BTS가 만든 시리즈의 시작일 수도 있겠다고 생각하고 있다. 페르조나가 몇 개 시리즈의 첫 앨범이 될 것이라는 뜻이다. 얼마나 많을지는 몰라도, 세 개 혹은 네 개의 앨범이 청중을 인간 정신의 많은 측면과 복잡성으로 인도하기를 희망한다. BTS는 인간의 이런 성격의 측면들에 관해 이야기하기 시작했다. 우리는 자기가 주변의 다른 사람들과는 다르다는 것을 직관적으로 알고 있다. 만약 교사나 의사, 소방관이라면 집에서 자녀와 놀아 주거나 이웃이나 부모와 이야기할 때와는 다른, 직업적인 일을 할 때의 페르조나를 갖게 된다. 이것은 서로 다른 사람이라는 것을 의미하는 것이 아니라, 한 사람이 다른 얼굴과 측면들을 갖는다는 것을 의미한다.

내가 BTS의 비디오를 들여다보면서 BTS를 이해한 방식은 일곱 명의 젊은이가 하나의 인격의 다양한 측면을 표현한다는 것이다. 이것이 내 나름대로의 해석이다. 그들 중 몇은 더 진지하고, 몇은 더 유쾌하고, 몇은 다른 멤버들보다 더 귀엽다. RM이 첫 노래를 부르며 평생 가져왔던 질문 "나는 누구인가?"를 스스로에게 던질 때, 다른 여섯 멤버는 그를 둘러싸고 춤을 춘다. 그들은 RM의 다른 측면들이다. RM은 목소리이지만, 여섯 멤버는 인격의 다른 얼굴들이다. 이 노래들은 다른 측면들과 페르조나를 가진 단일한 인격의 표현이다.

이 노래들은 진정성의 갈구와 이를 위한 투쟁을 나타낸다. 이 인격이 무언가를 말하려 투쟁하고, 자신이 누구이며, 무엇인지를 받아들이려고 애쓰는 것을 느낀다. 이는 절망 뿐 아니라 사랑, 희망, 비전의 노래들이다. 유명인이라는 강렬한 감정과, 그것이 가져오는 팽창과 자기 의심의 문제도 있다. 고요한 장소와 진리의 추구도 있다. 그것은 통렬하다. 자신의 위대한 재능과 필요의 전부를 만족시키지는 못하는 명성이라는 덕목이 그의 삶에서 야기한 문제들과 씨름하는 그의 인격이 느껴진다. 유명세라는 것은 야망을 충족시키지만, 때로는 공허한 감정을 남긴다.

그는 자신의 수많은 이미지, 이것 혹은 저것이 되라는 요구, 변화하라는 압박과 씨름하고 있다. 이들이 고국인 한국에서 세계의 장으로 나오고, 이렇게 말하라 혹은 저렇게 하라 같은 압박을 경험하면서 이러한 압박에 진정으로 마주하는 것을 상상해 본다. 몇몇 작사가들이 이 앨범에 참여했다. 가수들은 작사가들이 입에 넣어주는 모든 것에 동의할까? 아마도 몇 가지는 반대하는지도 모르겠다. 어쩌면 그들은 의구심을 가지면서도 어떤 역할을 맡고 있는지도 모른다. 그래서 나는 무대 위의 공연을 통해 그들을 바라보려 하고, 우리에게 말하고 우리를 즐겁게 하는 사람이 누구인지에 접근해 보려 한다.

어떤 종류의 퍼포먼스를 해주기를 기대하는 청중을 가지고 있다는 것은 아주 마음을 끄는 일인데, BTS는 이에 아주 능하다. 공연이 끝나고 집에 갈 때, 당신은 그들이 어떻게 느낄지 궁금해한다. 많은 점검과 자기 평가, 가면 뒤의 모습이 있다. 그들은 심지어 우리를 즐겁게 해줄 때에도 무대 위에서 고해를 한다. 그것이 바로 이토록 흥미진진한 이유이다. 그들은 우리에게 아주 신나는 페르조나를 보여주지만, 그들이 부르는 노래의 배경에는 또 다른 무언가가 있다.

첫 번째 곡, 인트로: 페르조나

첫 번째 곡은 RM 의 '인트로: 페르조나'라는 제목의 곡이다. 이 곡은 사람이 다른 사람들로부터 숨기는 그림자 측면에 관한 것이 대부분인 것 같다. RM 은 그의 불안을 숨기는 것에 대해 노래하는데, 이것이 그를 망설이게 만든다. 그러나 다음에 RM 은 그의 망설임과 친해질 수 있다. 자기 자신의 감정에 순응하며 받아들이고, 그것이 자신을 멈추지 않게 하면서도 인정하고, 자신이 하는 것이 무엇이든 감정을 붙잡는 것은 좋은 행동이다.

나중에 그가 술 취했을 때에 대해 말할 때, 그는 미성숙함에 대해, 우리가 이 미성숙함을 어떻게 숨기려 하는지에 대해 이야기한다. 이는 종종 우리가 그러한 시기에 숨기려 하는 불충분함이나 어리석음에 대한 감각이다. RM 의 페르조나 가면은 그가 젊음에 수반되는 미성숙함을 숨기려 할 때, 그를 불편하게 느끼도록 만든다. RM 의 가사는 어떻게 그가 불충분한지에 대해 장황한 이야기로 흘러간다.

많은 사람이 갑자기 이전보다 다소 높은 지위(사업, 학문 혹은 전문적인 위치 등)로 떠밀리는 경우에 비슷한 느낌을 가진다. 그들은 속임수로 그 지위에 있다든지, 아니면 정말 할 능력이 안 되므로 허세를 부려 성공적으로

넘겨야 한다고 느낄 수도 있다. 많은 전문직 사람들이 거짓된 것 같은 기분을 느낀다고 고백했다. 이것은 RM 이 자신의 미숙함을 숨기는 것에 대해 노래할 때와 비슷하다. RM 은 무대에서 훌륭하게 공연을 하면서도, 그가 다룰 수 있는 것을 넘어서는 것은 아닌지 염려한다

그것이 가면이 숨기는 것이다. 그러나 다음에 RM 은 말한다. "그때마다 날 또 일으켜 세운 것."

이 말이 나의 관심을 사로잡았다. 그를 다시 일으켜 세우는 것이 무엇인가? 여기에는 일종의 종교적 예민함 혹은 감수성이 작용하고 있다. 이 구절은 거의 성서에 나오는 말 같다. "그가 나를 다시 일으키셨습니다." 융 심리학에서, 우리는 그것을 '자기' 라고 부를 수 있을 것이다. '자기'는 여러분의 핵심이다. '자기'는 여러분이 태어난 날로부터, 혹은 태어나기도 전에 여러분이 '누구였는지' 이자 정신의 궁극적인 자원이다. 여러분이 우울할 때, 이런 종류의 에너지나 영감의 원천이 여러분을 일으키고, 다른 기회와 새로운 날을 제공할 것이다. 이 주제는 그들의 많은 노래에 나타난다.

이 첫 번째 노래 후반에, RM 은 "Where's your soul?", "Where's your dream?"이라고 외친다. 그러고는 "My name is R", "부끄럽지 않아 이게 내 영혼의 지도" 라고 선언한다.

"당신의 영혼은 어디에 있나"라는 외침은 중년의 융이 <레드북>을 쓸 때의 경험의 메아리이다. <레드북>은 융이 탈고한 지 약 100년이 지난 2009년에 출간되었다. 흥미롭게도 <레드북>은 이 노래처럼 융이 "내 영혼은 어디에 있나? 내 꿈은 어디에 있나?"라고 외치는 것으로 시작한다. 또한 융은 BTS의 노래에도 나오는 사막에 있는 이미지들로 뛰어든다. 영혼의 대답 전에 사막에 있는 것이다. 영혼이 사막에서 그에게 나타날 때, 처음에는 목소리로, 다음에는 융이 대화를 시작하게 되는 여성의 모습으로 나타난다. 이것이 우리가 다음 곡 '작은 것들을 위한 시, Boy With Luv'에서 보는 것이다.

두 번째 곡, 작은 것들을 위한 시, Boy With Luv

나는 첫 번째 곡이 "어디에 있니?"라며 영혼을 외쳐 부르는 것에 관한 것이라고 여기고 싶다. 그리고 두 번째 곡에 그에 대한 대답이 있다. 영혼이 나타나기 때문이다.

영혼의 상은 여성으로 나타난다. 미국이 젊은 여성, 할시(애슐리 프랜지파니)가 보컬로 참여한다. 뮤직비디오 첫 부분에서, 할시는 매표소 안에 있다가, 누군가 부르는 것을 알아차린다. 할시는 매표소를 닫고는 사라진다. 그러고는 BTS 일곱 멤버들이 무대에서 노래의 첫 부분을 부르는 모습이 나온다. 할시는 곡 도중에, 나중에 합류한다.

누군가 BTS가 왜 미국 여성이 이 역할을 하게 선택했느냐고 물었다. 나는 그 부분이 아주 감정적이고 통합적이라 여긴다. BTS는 국제화되었다. BTS는 2019년에 로스앤젤레스, 시카고, 뉴욕에서 콘서트를 하기 위해 미국에 간다. 그들은 국제사회로 뻗어 나간다. 영혼의 상, 우리가 아니마 상이라고 부르는 것이 자기 고향의 문화와는 사뭇 다른 문화의 상이라는 것은 전혀 놀라운 것이 아니다. 한국인에게, 미국 여성은 아니마의 투사를 반영하기에 적합하다. BTS는 미국 여성에게 그들의 무의식적인 아니마를 투사하고 그들의 영혼의 상을 발견한다.

유럽인들은 전통적으로 그들의 영혼의 상을 중동, 인도 혹은 중국 등 이국적인 문화에 투사해왔다. 저명한 물리학자이자 융의 친구인 볼프강 파울리는 그의 아니마 상을 중국인으로 묘사했다. 파울리는 그녀의 꿈을 몇 차례 꾸었다. 파울리가 사랑에 빠졌던 실제 중국 여성을 알았던 것이 아니고, 그녀는 그의 인격에 있는 무의식적 아니마를 나타낸 것이었다. 마찬가지로 할시가 한국인의 집단 무의식에 있는 무의식적 아니마이고 이제 부름에 대답하고 있다는 점에서 할시가 미국인이라는 사실은 특별한 의미가 있다. 첫 곡에서 RM은 "Where's your soul?"이라고 노래한다. 두 번째 곡에서, 자, 보라, 그녀가 나타난다.

영어 제목은 Boy with Luv이다. 사랑과 함께하는 소년(boy with love)과 사랑에 빠진 소년(boy in love)은 너무나도 다르다. 당신이 사랑에 빠진다면, 당신은 감정과, 당신이 사랑하는 사람이 다른 사람에게 투사하는 것에 사로잡히게 된다. 당신은 속수무책이다. 당신의 자아는 감정의 노예이다. 사랑에 빠진 사람은 모든 종류의 미친 짓들을 하게 된다. 반면, 당신이 사랑과 함께한다면, 당신은 자제력을 훨씬 더 발휘하게 된다. 당신은 사랑과 함께(with it)이지 사랑 속에(in it) 있지 않다. 당신은 사랑을 함께 가져가는 것이다. 당신이 눈길을 주는 사람, 당신의 사랑을 말하는 사람과 함께 당신의 사랑을 가져간다. 이러한 태도는 더 성숙한 자아의 위상을 필요로 한다. 미성숙한 자아는 사랑에 빠져 정신을 못 차리게 될 것이다. 더 성숙하고 경험이 풍부한 사람이 사랑과 함께하는 사람이 될 것이다. 사랑과 함께하는 상태는 조종하려는 입장이 훨씬 덜하며, 심리적으로 훨씬 더 발달된 상태이다.

그래서 나는 이들이 제시하는 이 인격이 사랑에 빠진 이전의 상태에서 사랑과 함께하는 상태로 상당히 진전했다고 생각한다. 이 곡은 가사가 인상적인 아름다운 노래이다. 이 노래는 사랑의 건강한 힘을 찬미한다. 이것은 당신을 탈바꿈시킨다. 이것은 당신을 고귀하게 만든다. 하지만 위험, 말하자면 이카루스의 날개 또한 가지고 있다. 그들은 노래한다. "네가 준 이카루스의 날개로 태양이 아닌 너에게로 Let me fly." 그리스 신화에서, 이카루스는 태양 가까이로 너무 높이 날아올라 타버리고 만다. 이카루스는 팽창되어서 너무 높이 날아오른다. 이 곡에서, 이런 인격은 진전을 보인다. 그는 고양되고 다소 팽창되지만 통제불능의 상태가 아니며, 추락하지 않을 것이다. 그의 사랑이 그를 추락시키고, 불태우고, 아마도 그와 연인 둘 다를 파멸시키는 말도 안 되는 환상이 아니라 그의 연인에게 향하게 한다는 것 즉 그가 사랑과 함께한다는 것은 개성화의 관점에서 아주 좋은 신호이다.

융학파의 렌즈로 보면, 여기에는 많은 개성화의 순간들이 있다. 첫째로 그는 "내 영혼은 어디 있나?"라고 외친다. 그리고 영혼이 등장한다. 다음에 사랑과 함께하고, 사랑과 함께 그는 세상에서 무언가를 할 수 있다. 그는 기여할 수 있다. 그는 연인에게, 자녀에게, 가족에게, 가치가 있거나 타당한 것이라면 어떤 것에건 사랑을 줄 수 있다.

세 번째 곡, 소우주

인간이 대우주를 반영하는 소우주라고 하는 건 오래된 관념이다. 대우주는 우주이고, 전체 세상이며, 세계이다. 우주는 당신 자신을 포함하는 모든 것의 전체이다. 소우주는 내면 세계이다. 내면 세계는 우주, 즉 외부 세계를 반영한다.

융은 병석에 있던 말년에, "나는 아픈 중에 환상적인 꿈을 꾸었다. 꿈에서 나는 물웅덩이에 있는 별을 보았다. 그리고 내가 우주인 무의식의 웅덩이에 비친 소우주라는 사실을 깨달았다. 이것은 나에게 큰 행복감을 주었다."(융, <회상 꿈 그리고 사상>, 1989)라고 했다.

당신의 내면 세계가 외부의 대우주를 반영하는 소우주라는 감각을 가지고 있다면, 당신에게는 방대한 우주, 복잡성, 풍요로움과 다양성의 감각이 있는 것이다. 이것이 당신의 내면 세계이다. 내면 세계는 전부가 의식적인 것은 아니고 많은 부분이 무의식적이지만, 융학파가 개발한 적극적 상상이나 꿈 작업과 같은 다양한 방법들을 통해 접근할 수 있다.

소우주라는 노래에서는 우주의 별들이 자주 언급된다. 이것은 당신이 바깥 세계에 좌우되지 않는 별들과 연결된 내면의 자신을 가지고 있다는 것을 깨닫는 개성화

과정의 중요한 단계이다. 당신이 페르조나에 갇혀 있다면, 당신은 다른 사람이 반영해주는 당신의 가치에 의존하게 되고, 그들이 주지 않는 자기감은 갖지 못한다. 이제, 우주를 반영하는 내면의 소우주에 대한 감각으로, 당신은 별에 연결된다. 당신은 다른 이들의 반영에 의지하는 것이 아니라, 자기 자신 안에서 나오는 자존감을 갖는다.

그래서 이 인격은 타인에 의해 사랑받고, 반영되고, 존중받고, 존경받고자 하는 페르조나 요구에서 자유로워진다. 이런 인격은 페르조나 동일시와 그것이 야기하는 문제들로부터 스스로를 해방시킨다. 우리는 우리 자신의 길에서 빛난다.

이것은 17세기 독일 철학자 라이프니츠의 철학, '우리가 모두 모나드 monad'라는 이론을 떠올리게 한다. 각자는 자기 안에 동봉된 모나드인데, 우주의 다른 모든 모나드, 다른 모든 사람들과 관계를 맺고 있다. 모든 인격은 완전한 개체이지만 다른 개체와도 관련을 맺고 있다. 그들은 70억 개의 별들에 대해 이야기하고, 이는 또한 세계 인구수이기도 하다. 각각의 모나드는 별이다. 하나하나는 개인이다. 각각은 영혼을 갖는다. 그렇다고 하더라도, 우리는 모두 라이프니츠가 조화라고 말한 신비로운 방식으로 연결되어 있다. 이 모나드들은 모든 독립적인 부분들의 상호작용을 가능하게 하는 신이라 불리는 다른 힘에 의해 조화를 이루며, 각각은 그 자신의 무게중심을 가진다.

이 노래는 자기(the Self)를 잠깐 들여다보는 것에 관한 노래이고, 우리를 넘어서는 무언가에 우리가 깊이 뿌리박고 있다는 느낌에 대해 일견하는 것에 관한 노래이다. 우리는 개인이지만, 전체에 속해 있다. 우리는 자기 자신이 되고 죽으면 돌아가야 하는 개인의 별, 우리의 운명을 가지고 있다. 이것이 융이 <레드북>에서 말한 영지주의 철학이다. 우리가 운명을 가지고 있다는 것을 아는 것이 우리에게 평화를 가져다준다. 이 운명은 우리가 언젠가는 도착하게 될 우리의 별이고, 우리는 그동안 별에 연결되어 있다. 그래서 나는 이 노래의 가사를 이러한 자기 인식으로의 돌파구로 이해한다. 일곱 청년들이 제시하는 이 인격은 앞으로 나아가려 애쓰고, 자신의 길을 찾기 시작한다.

네 번째 곡, Make It Right

네 번째 곡은 영혼에 대한 감각을 발견하기 위한 내면으로의 여정을 구현하는 것 같다. 여기에서는 "널 찾기 위해 노래해" 라고 외친다. 그러나 누가 '너'인가? 그가 말하는 너는 다소 모호하다. 그의 여자 친구에 대해 말하는 것일까? 단지 그것 만이라고는 생각하지 않는다. 두 번째 노래에 나오는 영혼에 대해 말하는 것일까? 부분적으로는 그렇다고 생각한다. 놀라운 것은 "네게 돌아가기 위해 그리고 더 잘하기 위해"라는 생각이 반복된다는 점이다. 그는 분투하고 있다. 그는 내면으로 여행하는 중이다. 노래는 이어진다. "내 여정의 답인 걸. 널 찾기 위해 노래해. Baby to you."

나는 내적, 외적 요소들에 대해 논평해 보고자 한다. 영혼이라는 것이 내면의 어떤 것일까, 외부의 어떤 것일까? 아니면 둘의 어떤 조합일까?

우리 삶의 경험을 보면, 특히 20 대의 BTS 같은 인생의 전반기에는 자기를 다른 사람 안에서, 다른 사람들을 통해서 발견하게 된다. 그것을 투사라고 부른다. 그러나 투사는 당신이 연인과 같은 다른 사람과의 관계에서 영혼을 찾는 것을 이야기하는 부정적인 방식이 될 수 있다. 연인과 관계 맺고 있을 때, 당신은 당신의 영혼과 함께하는 것이다. 그녀와 함께하는 것이 그토록 중대해지는 이유이다. 그 또는 그녀는 당신의 영혼이다. 이것이 모든 것이 밖에 있는 것을 의미하지는 않는다. 안과 밖이 섞이고, 함께 혼합된다.

그래서 그가 "Baby to you"라고 말할 때, 다른 사람에게 이야기하는 것일 수도 있지만, 그의 영혼에 대해,

영혼으로의 여정에 대해, 여정에의 대답에 대해 말하는
것일 수도 있다. "널 찾기 위해 노래해. Baby to you"는
영혼의 탐색이다. 아마도 밖을 보고 있을 수 있지만, 동
시에 내면으로의 여정이다. 이 곡은 이런 여정에 관한 훌
륭한 노래이다. 그는 "끝도 보이지 않던 영원이 밤"이라
고 다시 별들을 언급한다.

　5년쯤 전에 세상을 떠난 미국 시인 마크 스트랜드
의 멋진 시가 있다. 그는 밤에 평원에 누워 하늘을 바라
보다 갑자기 그의 이름이 불려지는 것에 대한 시를 썼다.
그는 한 번도 이같이 이름이 불려지는 것을 들은 적이
없다고 말한다. 별들을 바라보고 이름이 불리는 것을 듣
는 것은 입문과 정체성의 순간이다.

　그래서 당신이 이런 맥락에서 당신 이름이 불리는
것을 들을 경우나, 연인이 당신의 이름을 부르는 걸 들을
경우는 공공장소에서 누군가 당신 이름을 부르는 걸 듣
는 것과는 다른 것이다. 그것은 당신을 깊이 건드린다.

　이것은 영혼의 지도이다. 이 노래에서 '너'는 영혼이
다. 그것이 내면의 영혼이건 외부의 영혼이건.

다섯 번째 곡, Home

다섯 번째 곡에서는 내 집이라는 의미의 스페인어 Mi Casa 를 사용한다. 그들은 다시 국제적으로 확장한다. Mi Casa 는 친밀감을 더해준다. Mi Casa 는 작은 집 이자 소박한 거처이다. 결코 궁궐이 아니다. 또한 영혼이 있는 집을 말한다. 영혼이 있는 집에 있는 당신은 거창하고 팽창된 느낌이 아니라, 자신 안에 기반을 둔 것처럼 아주 편안하게 느껴지는 친밀한 장소에 있는 것이다.

RM 은 UN 연설에서 "나는 서울 근처의 작은 마을 출신의 소년입니다. 이제 나는 유명해요. 나는 세계적인 유명인입니다."라고 말했다. Mi Casa 라는 말에서는 고향 집에 있음을 느낄 수 있다. 세계 여행과 여정들이 그들을 먼 해외로 데려가고, 그들에게 지금의 집은 세상 곳곳이다. 그들의 팬도 어디에나 있다.

당신이 사랑받고 수용된다고 느끼는 곳은 어디든 당신의 집이 될 수 있지만, Mi Casa 는 좀 다르다. 이것은 귀환이다. 이 인격은 긴 여행을 떠나지만, 돌아올 것이다. 이것이 여정 중에 있을 때에는, 집을 기억한다. 이는 마치 오디세우스가 20 년을 방랑하다 마침내 이타카, 그의 집, 그의 아내에게로 돌아온 것과 같다. 당신이 멀리 떠났을 때에 당신은 본국의 Mi Casa 를 기억한다.

여섯 번째 곡, Jamais Vu

국제적인 주제가 계속되면서, 여섯 번째 곡의 제목은 Jamais Vu 이다. Jamais Vu 는 정신과적인 용어로 사용되는 프랑스어 구(句)이다. 이는 기시감(既視感; de´ja` vu)과 관련이 있다. 당신이 기시감(既視感)을 경험한다면, 낯선 장소임에도 불구하고 "여기 와 본 적이 있어." 하는 강렬한 감정을 갖게 된다. 꼭 집어 언제, 어디인지는 말할 수 없지만, 그럼에도 꽤 강렬할 수 있다. 당신은 심지어 어떤 사람이 다음에 말할 것을 알 수 있게 되고, 무슨 영문인지 그 사람이 그렇게 말하는 것을 보게 된다. 이는 당신이 이 영화 속에 전에 있었던 것 같은 것이다. 그것이 데자뷔이다.

미시감(未視感; Jamais vu)은 반대이다. 당신은 낯익은 장소에 있지만, 알아보지 못한다. 이것은 기이한 경험이다. 측두엽 간질 환자나 가끔 정신분열병 환자에게 이 문제가 있다. 집으로 걸어가지만, 한 번도 가 본 적이 없는 것처럼 인식하지 못한다. 당신은 그 장소를 처음부터 다시 익혀야 한다. 당신은 같은 가르침을 반복해서 배워야 할 수도 있다.

이 곡은 반복 행동과 반복에 대한 것이다. 이는 마치 당신이 경험으로부터 배우지 못하는 것과 같다. 매번 당신은 문제를 마주하고, 처음부터 다시 배워야 한다. 당신은 같은 실수를 처음부터 다시 반복한다. 이것은 고투에 관한 노래이다. 융 심리학에서 반복적으로 똑같은 문제가 많은 감정과 행동들과 고투하는 사건들을 콤플렉스라고 부른다.

당신이 콤플렉스 속에 있을 때, 당신은 똑같은 상황으로 걸어 들어가고, 과거 경험으로부터 어떤 것도 배운 것이 없는 듯이 다시, 또다시 같은 방식으로 대응한다. 각 사건은 보통 타인에게 고통스럽거나 자신에게 해가 되어서, 당신이 말했거나 행한 것들을 후회하게 만든다. 심지어 머리로는 이것이 당신을 어디로 이끌지 알면서도, 당신은 같은 패턴을 반복한다. 거기에다 매번 완전히 새로운 상황처럼 받아들인다. 지난밤, 남편과 논쟁을 했지만, 그런 적이 없는 것처럼 똑같은 문제로 또 논쟁을 한다. 당신은 배워 나가는가? 아니다. 콤플렉스는 너무나 강하다. 통찰이나 개입을 통해 당신이 빠져나오기 전까지 계속 반복해서 돌아간다. 노래는 선포한다. "늘 처음인 것처럼 아파." 이것이 콤플렉스이다.

곡은 계속된다. "또다시 뛰고, 또 넘어지고." 그렇지만 매우 고무적인 것은 이 모든 반복이 계속되는 동안에도 이것이 계속된다는 자각이 있다는 것이다. 마지막 가사에서 "I won't give up" 포기하지 않을 거라고 선언한다.

당신이 수없이 떨어지고 오랜 어리석음과 행동들을 반복할지라도, 개성화의 길에 머무르겠다는 결심이 있다.

정신 치료에서, 계속해서 반복되는 어려운 감정과 행동들이 당신이 그것들을 인식하고 그 심각성을 줄이게 해준다는 것을 안다. 어쩌면 그것들을 극복하는 데 시간이 덜 들 수도 있다. 어쩌면 당신은 그것을 이전보다 일찍 간파할런지도 모른다. 이제 이름 붙일 수 있을지도 모른다. 콤플렉스 안에 있는 동안에도 "세상에, 내가 왜 이걸 하고 있지?"라고 스스로에게 말할 수 있을지 모른다. 그것이 개성화의 투쟁이며, 콤플렉스와의 싸움이다

나는 30년 넘게 사람들과 작업해 왔다. 그들은 내게 "알잖아요. 우리는 이 분야를 수백 번 해 왔어요. 그리고 또다시 해요." 우리는 웃지만, 절대 완전히 그걸 극복하지는 못한다. 우리는 좀 더 잘하게 되지만, 심리적 삶이란 투쟁이라는 것을 알아야만 한다. 의식적이 되고 의식적인 상태로 머무는 것은 너무나 어려운 일이다.

일곱 번째 곡, Dionysos

마지막 곡은 '디오니소스'이다. 이 앨범에는 그리스 신화를 참고로 한 부분이 아주 많다. 이 곡을 쓴 사람이 누구든 간에 그리스와 그리스 철학, 신화에 정말로 빠져 있는 사람이라 생각한다.

이 곡은 축복의 노래요 페르조나를 깨고 나오는 것에 관한 노래이다. 디오니소스는 그리스 사람들에게는 외국에서 건너온 신이었다. 그는 트라키아에서 그리스로 쳐들어왔다. 디오니소스는 모든 것을 뒤엎는 파괴자이다. 디오니소스는 오래된 가치들을 짓밟아 버린다. 사람들의 저항도 허물어뜨린다. 디오니소스가 나타나면 아무도 저항할 수 없다. 만일 당신이 저항하려고 한다면, 디오니소스는 당신을 압도해 버릴 것이다.

그러므로 이 노래는, 어떻게 이 인격이 디오니소스적 축복의 장소로 들어가게 되었는지에 관한 곡이다. 그들은 디오니소스를 두려워하지 않는다. 디오니소스를 받아들이고 그 도취를 즐길 수도 있다. 그들이 정말로 하고자 하는 것은 장애물과 낡은 관습들을 타파하는 것이다. 디오니소스는 와해자라고도 불렸다. 와해자는 낡은 구조물과 경직된 행동과 양식을 해체하고, 페르조나를 파괴한다. 디오니소스는 순간적이지만 사람들을 페르조나로부터 자유롭게 해준다. 물론, 다음 날 아침에 깨어나서는, 디오니소스가 지난밤에 자신을 풀어놓지 않았다면

좋았을 텐데 하고 바랄지도 모르겠다. 그 도취가 너무나 커서, 통제가 되지 않고 파괴적으로 작용할 수도 있다.

결국 그리스인들은 디오니소스를 통합할 수 있게 되었다. 그들은 델피에 디오니소스의 거처를 마련했다. 대표적인 그리스의 신이자 질서, 아름다움, 건축, 숭고함, 고상함의 신인 아폴론이 델피에 있는 자신의 신전을 일 년에 절반을 디오니소스와 나누어 가져야 했다. 그러니까, 일 년의 절반은 디오니소스가, 나머지 절반은 아폴론이 그곳에 머물렀다. 그리스인들은 디오니소스에게 저항할 방도가 없다는 것을 깨닫고는 그를 통합한 것이다. 그는 생명력이다. 이는 쇼펜하우어가 의지(the will)라고 불렀던 바로 그것이다. 존재하려는 의지, 성장하려는 의지, 창조하려는 의지. 만약에 당신이 그것에 저항하려 하면, 그리스 신화와 연극에서 종종 그렇게 되었던 것처럼, 그는 당신을 무너뜨리고 말 것이다.

어떤 사람은 가능한 한 고결하고 완벽하게 됨으로써 이에 대항한다. 그러나 그것은 매우 위험한 일이다. 당신은 무의식과 그 힘을 그저 억압할 수는 없다. 당신은 디오니소스를 무시할 수 없는 것이다. 당신은 당신의 인생 속에, 디오니소스를 살게 하는 다른 방법을 찾아야만 한다. 만약 당신이 그를 가두어 두려 한다면, 그는 억제되지 않는 엄청난 힘으로 폭발할 것이다.

　　스위스 문화에 파스나흐트(Fasnacht)라는 날이 있는데 이는 참회의 화요일, 마르디 그라(Mardi Gras)와 비슷하다. 이날은 사순절의 시작이다. 사순절이란 매우 진지한 시간인데, 파스나흐트라고 부르는 첫날을 만들어, 가면을 쓰고 밤에 나가서 온갖 미친 짓을 하고 돌아다닌다. 술에 취하거나 성적으로 무분별한 행동 따위를 하는 경우도 있다. 그러나 다음 날에는 그에 대해 아무것도 이야기해서는 안 된다는 규칙이 있다. 그 누구도 "아, 당신이 지난밤에 그러는 것을 보았어."라고 해서는 안 되는 것이다. 융은 파스나흐트에 대해 '주전자의 증기를 빼주는 것'처럼 필요한 일이라고 말했다. 그날이 없다면, 매우 빈틈이 없고 질서에 대해 다소 강박적이기까지 한 스위스 사람들이 폭발해 버릴지도 모른다. 우리는 디오니소스가 가능케 하는 해방이 필요하다.

　　이 앨범이 봄에 나온 것이 의미가 있을 것 같다. 봄은 새로운 생명을 상징한다. 재탄생이다. 봄은 번성의 시간이자 새로운 생명의 시간이다. 특히 지금 이곳 스위스에서는, 모든 것이 초록으로 돋아나고, 꽃들이 피어나고 있다. 우리는 겨울의 지독한 부분들을 지나, 새로운 계절을 맞이하고 있다. 나는 이 앨범이 이 봄철에 나오고, 디오니소스에 대한 찬미로 마무리되었다는 점이 아주 좋다고 생각한다.

BTS가 그들의 방식으로 디오니소스를 축복한다는 것은, 그들이 페르조나를 풀어주고, 페르조나의 덫에서 벗어날 준비가 되었음을 암시한다. 아마 그들은 페르조나의 속박에서 벗어나는 시점에 도달한 것이 아닐까 한다.

편집자의
영혼의 지도 안내

융 심리학의 자원들을 발견하는 데 흥미가 있는 새로운 젊은 청중들을 위해 영혼 내부의 지도에 대한 스타인 박사의 콘셉트를 설명하는 책을 같이 써보자고 스타인 박사에게 이야기했을 때, 우리는 이 프로젝트에 흥분하면서도 동시에 위축되었다. 페르조나에 대한 생각과 내적인 세계의 심리적인 지도를 만드는 것에 대하여 요즘의 문화에서는 관심이 많다. 사실, 그런 관심이 너무나 강해서, 한국의 슈퍼스타 팝밴드 BTS 가 스타인 박사의 콘셉트를 가져다 최근의 앨범, "영혼의 지도: 페르조나" 의 타이틀과 가사들로 엮어 내기에 이르렀다. 이러한 에너지와 관심의 폭증은 BTS 멤버들의 엄청난 창의성과 그들의 거대한 팬 층을 넘어서는 것이다. 이는 아마도 우리 영혼의 심층에서 원시적인 에너지를 이끌어 내는 집단 무의식에서 기인하기 때문일 것이라 생각한다. 이 책은 이러한 에너지의 일부를 짧게나마 볼 수 있게 해 줄 것이다. 영혼의 지도를 제공하기 위해 의도한 이해하기 쉬운 용어들과 이미지도 선별했다. 영혼처럼 한계가 없고 덧없는 영역의 지도를 만드는 작업을 시작하는 프로젝트는 거의 실패하게 마련이지만, 그리스 신화의 시시포스처럼, 우리는 작가와 편집자가 하는 일이라는 진지함을 갖고 불가능해 보이는 일에 올라타려 한다. 니체가 제안했듯, 이는 아모르 파티(Amor fati)의 문제, 말하자면 영원히 계속해서 다시 시작해야 함을 의미함에도 불구하고 자신의 운명을 사랑하는 능력에 관한 것이다.

　　이 소개 부분에서 우리는 인간 영혼의 내적인 작용들에 대한 가장 기본적인 지도를 그려 볼 것이다. 우리는 이를 수년간의 정신과 수련에 기반하여 하려 하지 않고, 모든 사람들 그리고 카를 융의 심리학을 따르는 이들과 같은 여정에 있는 동반자 입장에서 시도하려고 한다. 묘사할 수 없는 채 남아 있어야 하는 부분들을 우리가 묘사해 보려 하기 때문에, 독자들의 인내가 요구된다.

지도

Persona

Animus

Anima

External World

Shadow

Ego

Archetypal Self

Complex

Archetypal Core of Complex

Primordial Fire
(deep within collective Unconscious)

그림의 설명
Persona 페르조나
External World 외부 세계
Anima/Animus 아니마/아니무스
Shadow 그림자
Ego 자아
Archetypal Self 원형적 자기
Complex 콤플렉스
Archetypal Core of Complex 콤플렉스의 원형적 핵심
Primordial Fire(deep within collective Unconscious) 원초적 불꽃(집단 무의식의 깊은 곳에 존재)
일러스트. 스티븐 부저

우리의 지도는 중심 지점, 즉 실제로는 두 중심 지점인 자아와 원형적인 자기를 가지고 있다. 원형적 자기는 우리 자아의 중심부에 놓여 있다. 이런 견해를 설명하기가 어렵기 때문에, 우리는 자아가 이를 통해 원형적인 자기로 통하는 깔때기 같은 원뿔 구조로 묘사했다. 이런 구조들에 대해서는 간단히 다음에 조금 더 이야기할 것이다.

이 지도에는 우측 상단 모퉁이에 마을을 내다보는 큰 눈이 있다. 실제로 눈은 온 세상을 향해 밖을 응시하며 우리가 신체적으로 보고 듣고 냄새 맡고 만지는 것들의 전체를 받아들인다. 예를 들어 우리의 감각을 통해서처럼, 우리의 자아는 이렇게 현실을 인식하게 된다. 지도의 눈은 페르조나에 해당하는 산맥의 꼭대기에 있다. 페

르조나 산맥은 자아와 주위의 세계 사이에 있다. 높은 산맥이 그 너머의 전망을 막는 것처럼, 세상은 우리의 페르조나를 넘어서 안을 들여다보지 못한다. 페르조나는 우리 주변 사람들에게 보여주는 얼굴이기에 아마도 가면으로 부르는 게 나을 것이다.

산맥 저 왼편에는 그림자가 있고, 산들의 중간에 자아가 있는데, 그림자는 두건을 쓴 사람으로 그려져 있다. 자아의 관점에서 산 같은 페르조나 바로 건너편에 그림자가 있다는 것은 우연이 아닌데, 그림자가 바로 페르조나에 반대되기 때문이다. 우리가 우리의 페르조나를 통해 세상에 보여주는 긍정적 얼굴이 무엇이든, 더 어둡고 반대되는 모습이 우리의 그림자에 만들어진다. 그림자는 원하지 않고, 수치스럽고, 받아들일 수 없는 우리 정신의 모든 부분들을 담고 있다. 우리는 그림자가 발견되지 않기를 바라면서, 깊숙이 묻어두려 한다. 그리하여 그림자는 무의식 속에 존재한다.

지도 왼편 상단, 여전히 무의식의 영역에 아니마와 아니무스가 있다. 아니마와 아니무스는 우리 영혼의 반대 성을 가진 무의식의 인물이다. 남성적인 인물은 이 지도에서 전사의 모습으로 그려졌고, 그 옆에 여성적인 인물이 있다. 전통적인 융학파의 관점에서 남성은 자신의 무의식의 더 깊은 층들과 연결해 주는 여성적인 아니마를, 여성은 자신의 무의식의 깊은 곳과 연결해 주는 남성적인 아니무스를 갖는다.

"C" 자가 가운데에 있고, 깔때기 모양으로 좁아져 A로 연결되는 많은 타원 모양들이 무의식 도처에 흩어져 있다. 이것들은 그 핵심에 원형 Archetype("A")을 포함하는 콤플렉스(Complexes)들이다. 이것들은 다음에 설명할 것이다.

마지막으로 지도의 바닥 쪽에, 우리는 원초적 불의 불꽃들을 그려 놓았다. 이 이미지는 집단 무의식들이 지도 전체에 놓여 있음을 상기시킨다. 강력한 상징이나 공포, 영감들이 점차 드러날 때, 원초적인 힘이 자리잡는 곳이다.

외부 세계

외부 세계는 지도에서 가장 이해하기 쉬운 부분이다. 외부 세계는 우리의 세계, 우리가 우주라고 알고 있는 기본적으로 모든 것에 해당한다. 외부 세계는 우리가 만지고, 보고, 듣고, 할 수 있는 모든 것이다. 또한 사람과 사물, 다른 생명체들을 포함해 우리가 소통하는 모든 물질적인 세계이다. 외부 세계가 이 지도에 있는 까닭은 외부 세계가 우리의 내적 경험에 대조

되기 때문이다. 우리의 내적 경험은 우리가 보통 의식하지 못하는 영역인 무의식 안의 더 깊은 요소들을 탐색해 갈수록, 훨씬 더 이해하기 어렵다.

자아

자아는 무의식의 표면에 기대고, 의식의 중심을 차지하고 있다. 자아는 말하는 '나'이며 내가 나에 대해 묵상할 때 내가 의식하는 것이다. 자아는 우리가 알고 있는 것과 우리가 모르는 것 경계에 놓인다. 자아는 인간으로 존재하는 우리의 경험에 대해 의식적으로 이해하는 것, 나 자신의 '나'이다. 이는 운영하고 포함하며 행동하고, 프로젝트에 시동을 걸고, 기질과 성격과 "우리 자신에 대해 아는" 모든 다양한 방법들을 포함한다. 자아는 우리 신체에서 의식적으로 감지할 수 있는 모든 것뿐 아니라 우리의 모든 기억, 트라우마, 감정, 사실들에 의해 형성되고 영향을 받는다.

우리가 섬광과 같은 통찰력을 갖게 될 경우, 이는 종종 무의식적인 무언가가 우리의 의식적인 자아 인식으로 뚫고 들어오는 것을 자각한다는 것이다.

페르조나

페르조나는 우리의 의식적인 자아를 외부 세계와 분리시키고 그것과 상호작용하는 가면이나 산맥이다. 우리가 우리의 자아로부터 세상을 바라보는 걸 강조하기 위해 눈 하나를 자아와 외부 세계 사이에 첨가해 두었다. 우리는 감각을 통해서 주위 세계를 인식하며, 이는 바라보는 눈을 통해 제시된다. 세상은 우리의 페르조나를 본다. 따라서 지도에서 친구와 가족 그리고 누구든 우리를 바라보고 우리에 대해 의견을 가진다면, 그들은 우리 자아 안을 들여다보는 것이 아니고, 우리가 그들에게 보게끔 허용한 가면인 페르조나를 보는 것이다.

그들은 페르조나의 산과 같은 외부를 본다. 그들은 진정한 우리를 결코 보지 못하며 다만 페르조나가 허용한 부분만을 본다. 페르조나는 우리가 어떤 역할을 하느냐에 따라 달라진다. 내가 의사라면, 직장에서 나는 아마 흰 가운을 입거나 다른 전문가의 의복을 입음으로써 의사의 일부분을 입는다. 나는 '의사 말투'라는 의사들에게 공통적인 언어를 사용한다. 나는 전문가처럼 들리고, 심지어는 내 자신이 내 정체성을 강화하고 나와 다른 이들에게 내 입장을 납득시키는 어려운 말과 전문적인 용어를 사용할 것이다. 나는 즉흥적으로 웃지 않으려 할 것이고, 내가 다른 가면이나 페르조나의 측면들을 내보일 때는 가능한 한 야단법석을 떨지 않으려 할 것이다. 이는 환자들이 나를 일관되고 학식 있는 전문적인 의사로 봄으로써 안심할 수 있다면 적응적일 수 있다. 내 일에서의 페르조나는 내가 내 역할에서 더 자유롭고 부드럽게 기능하는 것을 가능하게 한다. 그러나 퇴근 후 집에서 내가 의사 페르조나를 벗고 배우자 페르조나를 입는 것을 잊어버린다면, 나쁜 일들이 생길 것이다. 나는 옆에 있는 배우자에게 지시하고, 장황하거나 전문적인 용어를 사용하고, 내 방식대로 일들이 처리되기를 고집하는 등의 행동을 할지도 모른다. 집에서는 의사 페르조나와 동일시된 내 페르조나의 측면들이 더 이상 적응적이지 않다. 사실 부적응적인 것이다. 집에서는 배우자 페르조나나 아버지 페르조나를 입는 게 낫다. 이러한 페르조나들로 인해 나는 덜 직업적이게 되고 긴장을 풀게 된다. 나는 웃고 농담을 하고 아이들과 바닥을 구를 수 있다. 학생, 친구, 멘토와 멘티, 운동선수, 파티 참석자, 록 스타, 사회 운동가 등등을 포함해, 우리가 인간으로서 우리 생의 과정에서 걸치는 셀 수 없는 페르조나의 배열이 존재한다.

그림자

그림자는 페르조나와 반대되는 이미지, 페르조나의 정반대이다. 우리가 페르조나를 통해 세상에 우리를 어떻게 보여줄지 시도하는 모든 측면에, 우리 인격의 반대 부분은 분열되고 그림자에 저장된다. 내 페르조나가 다정하고 기꺼이 돕고 용기를 주는 인상을 주려 노력했다면, 쌀쌀맞고 선뜻 도우려 하지 않고 낙담시키는 정반대의 성향이 분열되어 내 무의식적 그림자에 침전된다는 것을 의미한다. 이런 현상의 강도는 페르조나가 얼마나 강하고 일방적인지에 정비례하여 증감한다. 다른 사람들에게 자신의 페르조나를 극도로 정의롭고 경건하며 어떤 분노나 부정적 경향도 없이 헌신적인 사람으로 드러내는 사람은 아마도 똑같이 활발하고 강력하지만 정반대의 특징들을 가질 것으로 기대되는 강력한 잔혹함, 비도덕적이고 당치 않은 특성을 가진 무의식적인 그림자를 만들고 있을 공산이 크다. 뉴스를 보면 그들이 죄악으로 여기는 행동들에 대해 공개적으로 강력하게 반대하는 말을 하고는 창피스럽게도 바로 그 행동에 갇혀 버린 경건한 설교자들이 엄청 많다. 일례로, 그들의 페르조나가 더욱더 경건해질 수록 그들의 그림자는 더 정력적이고 비도덕적이 된다는 뜻이다.

종종 이것은 받아들일 수 없는 그림자가 분출해서 대중 앞에 드러나기 전까지 시간의 문제일 뿐이다. 이것은 충격적이고 굴욕적이지만, 만일 적절하게 다루어 진다면 새롭고 더 진정한 삶의 시작이 될 수도 있다.

전형적으로, 자기 자신에게 개인적으로 많은 일을 하지 않는 한, 그림자의 내용물들은 숨어 있어 우리가 알 수 없게 된다. 우리가 그림자에 대해 이해하지 못할수록, 우리는 그림자를 모르는 상태로 행동하고 다른 이들을 다치게 할 가능성이 크다. 우리가 그림자 측면을 가지고 있다는 것을 인식하고 건강한 방법으로 그림자를 다루는 단계들을 밟아 나가는 것은 우리에게 아주 중대한 일이다.

아니마와 아니무스

우리의 무의식에는 남성성과 여성성의 도외시된 부분들을 가지고 있는 또 다른 모습이 묻혀 있다. 카를 융이 이러한 이론을 만든 100 년 전에는 사회 안에서 성이 더 엄격하게 정의되었다. 빅토리아 시대에는 남자가 자신의 여성적인 부분을, 여성이 남성적인 부분을 많이 드러내는 것을 거의 용인하지 않았다. 따라서 거의 남성적인 특성만을 포함한 삶을 겪은 남성은 융이 아니마라고 부른 정신이 발달되지 못하고 무의식적인 여성적인 모습을 인식하지 못한 채로 지냈다. 남성이 부드럽고 감정이 풍부하며 더 창조적인 측면과 연결될 수 있으려면 아니마를 통해야 한다. 그가 울거나 강한 감정을 느낄 때, 머리보다 가슴으로 움직일 때, 그는 필시 그의 아니마와 연결되는 중일 것이다. 이 아니마는 꿈에서 관능적이고 감정이 풍부한 여성으로 그에게 나타날지도 모른다. 그녀는 그의 인격 안의 더 깊은 장소로 그를 데려가는 가이드이다. 그녀는 미래의 도래를 알리며, 새로운 생명을 수태하고 있다.

전통적으로 여성들은 정체성에 있어서 정반대의 발달을 가졌었다. 여성들은 힘든 경력을 따르도록 거의 권장되지 않았고, 권력이나 권위 등 공공의 역할을 거의 추구하지 않았다. 융이 아니무스라고 불렀던 힘과 결단, 전사와 같은 능력을 가진 인격, 무의식적인 남성적 모습은 전형적으로 숨어 살았다. 꿈에서 이런 모습은 종종 여성에게 강한 남성의 모습으로 나타난다. 인생 후반기에 여성은 과도하게 보살피는 역할로부터 거리를 두고, 더 강하고 공적인 인격을 가지고 두 번째 경력을 발달시킬지모른다. 이런 경우 그녀의 아니무스가 드러나는 것이다.

이런 패러다임은 일반적으로 개인이나 사회 내에서 성이 더 유동적으로 바뀜에 따라 지난 수십 년 동안 극적으로 변화했다. 남성들은 여성들이 표현의 자유를 더 누리도록 허락된 것과 같이, 더 이상 전적으로 남성적인 표현을 하도록 강요받지 않는다. 그럼에도 불구하고, 우리가 어떤 성별 요소로 기울어지건 간에 반대의 성은 우리의 아니마/아니무스 내에 무의식적인 힘을 생기게 한다. 이런 반대 성별의 특성과 연결되는 것은 우리가 더 전체적이고 완전할 수 있게 되도록 한다.

콤플렉스

수많은 콤플렉스가 지도의 무의식 영역 도처에 흩어져 있다. 우리는 콤플렉스들을 A라는 글자로 모이는 타원 내의 "C"라는 글자로 상징화한 바 있다. 우리 각자는 우리의 무의식 속에 수많은 콤플렉스를 가지고 있다. 콤플렉스는 종종 트라우마와 같이 우리 삶의 특정한 영역이나 유발인자 주변에 모이는 그 자신만의 격양된 감정의 세트를 가지고 있는 일종의 부분 인격이다. 여러분은 모성 콤플렉스, 부성 콤플렉스, 돈 콤플렉스, 오이디푸스 콤플렉스, 영웅 콤플렉스, 나폴레옹 콤플렉스, 피터 팬 콤플렉스, 애인 콤플렉스 등등 흔한 콤플렉스를 많이 들어보았을 것이다. 콤플렉스의 제목을 듣는 것만으로도 콤플렉스가 포함하는 꽤 많은 것을 상기할 공산이 크다. 따라서 돈 콤플렉스에 꽉 붙잡힌 사람은 가난과 재정적인 필요를 비이성적으로 두려워할 수도 있다. 이미 많은 돈을 가지고 있음에도, 그의 공포는 그로 하여금 더욱더 많이 저축하도록 몰아간다. 이를 찰스 디킨스의 <크리스마스 캐럴>에 나오는 인물에 빗대 스크루지 콤플렉스로 부를 수도 있을 것이다. 반면에, 영웅 콤플렉스와 투쟁하는 사람은 그의 도움이 필요하지 않은 사람들을 구원하는 데 비이성적으로 끌릴지도 모른다. 콤플렉스가 더 강할수록, 그 상황에 빠져들 때 콤플렉스를 인식하지 못하게 되고, 행동은 더 많이 콤플렉스에 의해 지배될 것이다. 그러나 고통스럽게도, 우리 친구들과 가족, 연인은 우리가 우리 행동을 비이성적으로 변호하려 할 때 조차도 언제 우리가 이런 콤플렉스의 손아귀에 놓이는지를 알고 있다.

융 심리학의 특별한 점은 모든 콤플렉스의 중심부에 지도에서 A 로 언급한, 원형(archetype)이 놓여 있다는 것이다. 따라서 어떤 사람의 영웅 콤플렉스의 심장부에는 영웅의 원형이 놓여 있다. 이러한 원형은 역사를 통틀어 알려진 영웅 이미지 안에 존재하고, 인류에게 드러난 모든 영웅적 특징들을 포함한다. 세상에서 가장 유명한 영웅, 예를 들어 헤라클레스가 이 콤플렉스의 심장부에 놓여 있는 것을 상상할 수 있다. 영웅 콤플렉스에 사로잡힌 사람이 이용하는 것이 바로 이 강렬한 에너지이다. 콤플렉스에 붙잡힌 사람들에게 이러한 순간들은 위험할 수 있지만, 다른 한편으로는 심지어 감탄할 만한 행동을 낳게 되기도 한다.

원형적 자기

융 심리학의 체계 안에서, 자아는 기술적으로 우리가 우리의 의식적인 자기 정체성을 유지하는 일종의 콤플렉스이다. 모든 콤플렉스의 중심부에는 원형이 자리한다는 것을 기억해 보면, 자아 콤플렉스 중심부에도 원형적인 자기가 놓인다. 관습적으로 기독교 문헌에서 신을 나타낼 때 대문자를 쓰는 것(God & He / His / Him)과 유사하게 전체성과 신성함의 요소들을 언급하기 위해 '자기'를 대문자를 사용하여 the Self 라고 쓴다. 자기는 개인은 물론 인류의 위대한 조직 원리이다. 많은 사람이 원형적인 자기를 신이라고 부르지만, 이를 더 높은 힘(능력자)과 같은 관용구와 같이 종종 연상하는 무한하고 끝없는 가능성을 가진 신과 같은 것, 혹은 우주 안

의 모든 의식적 무의식적 요소들의 합이라 생각하는 것
이 더 나을 것이다. 이는 알파이자 오메가요, 시작과 끝
이며, 하나로 합쳐진 전체성이자 단일성을 말한다. 신비
주의에 빠지거나 거창한 비유들을 사용하지 않고 원형
적 자기에 대해 쓰는 것은 어려운 일이다. 이것은 진정으
로 형언할 수 없고 단어들은 이것을 담아내지 못한다.

원초적 불

우리는 이러한 구조물 기저에
있는 심오한 원형적 힘들을 보
여주기 위해 지도의 밑바닥에
원초적 불을 추가해 두었다. 원
초적 불은 정신적 에너지와 인간과 우주의 역사에 걸쳐
생기를 불어넣는 힘의 초기 근원을 나타낸다. 이것은 생
존, 진화, 창의성 그리고 성욕과 배고픔 같은 본능들의
추진력이 된다. 우울할 때는 원초적 불과의 접촉을 잃게
된다. 반면, 조증 상태일 때는 그 불꽃들에 휩싸이게 된
다. 때로는 세계대전 동안 혹은 극심한 갈등이나 사회적
격변의 시기에 불은 세상 전체를 감싼다. 불은 정신 속에
깊은 줄기를 가지고 있는데, 이러한 극심한 시기에는 분
출하면서 지구의 지각 아래에서 용암처럼 흐른다.

이것은 여러 시대에 걸쳐 타오르는 집단적 불길이다. 빌리 조엘의 잊을 수 없는 노랫말, "우리가 시작하지 않았어. 그건 세계가 돌 때부터 항상 불타고 있었지."는 이 멈추지 않는 불꽃들의 비유들을 강력하게 담아낸다.

이것이 우리의 영혼의 지도이다. 더 깊이 페르조나의 개념으로 들어가기 전에, 이 지도에서 떠오르는 몇 가지 장려를 하려 한다.

명심해야 할 몇 가지 수칙
세상이 당신을 규정짓게 두지 마라. 당신 자신의 길을 열어라!

이것은 특히 젊은이에게 힘든 명제다. 어린 시절에는 고등학교와 대학교에서 뛰어나게 잘해야 하고, 자기에게 맞는 직업을 찾아야 하며, 인생의 동반자를 발견해야 하며, 아이를 기르는 것 등 해야 할 것이 너무나 많다. 이 모든 것은 전혀 잘못된 것이 아니다. 이들 중 많은 것을 추구하는 것은 중요하다. 하지만 때로 이런 기대들이 우리의 의지에 반해서 우리에게 억지로 떠맡겨 지기도 하고, 우리의 본성에 어긋나기도 한다.

젊은이가 상당한 교육을 받고 직업을 찾을 때, 부모나 친구, 선생님과 멘토들이 아니라 자신의 열정을 가지고 자신이 갖춘 조건으로 해결해야 한다. 우리 지도의 렌즈를 통해 볼 때, 우리는 자기가 구축하는 페르조나가 진정성을 포함하도록 유념해야 한다. 우리 그림자의 흉포함에도 귀 기울여야 한다. 우리는 콤플렉스에 걸려드는 것을 피해야 한다. 그리고 아니마/아니무스의 영감에 다가가야 한다. 이런 전체성, 의식과 무의식 모두를 아우름으로써 만 우리의 고유한 길을 알아보고 진정한 자기를 따르기를 희망할 수 있다.

밤의 꿈에 귀 기울이라. 꿈 일기를 써라.

융 심리학의 핵심 원리는 자는 동안 꾸는 꿈이 지극히 중요하다는 것이다. 꿈은 집단 무의식에서 솟아오르고 원형적 자기에 의해 형성된다. 모든 꿈은 의미가 있고 우리가 아직 모르지만 알아야 할 무언가를 말해준다. 밤시간의 꿈들을 일기장에 적어 보라. 꿈에 대해 곰곰이 생각해 보고, 스스로에게 꿈의 다양한 요소들이 무엇을 상기시키는지를 질문해 보자. 어려운 작업을 다른 누군가의 해석에 의존하지 않고 스스로 해야 할 필요가 있기 때문에 "꿈 상징사전"을 간단히 이용하는 것을 피하라. 가능하다면, 융학파 분석가나 융 심리학의 관점에서 꿈을 가지고 작업하는 치료자와 작업하라. 판단하려 하지않고, 비난하지 않는 분위기 속에서 꿈을 나누고 깊게 생각하는 꿈 그룹에 참여하거나 그룹을 시작하라. 당신 자신의 맞춤형 영혼의 지도를 개발하는 데 당신의 꿈들을 사용하라.

낮 시간의 꿈에 귀를 기울여라. 주간 일기를 써라.

어떤 생각, 감정, 창조적 충동, 영감을 기록하는 주간 일기를 쓰는 것을 고려하라. 그림자상, 아니마 상, 야간의 꿈에 나온 등장인물들을 포함한 당신의 다른 부분들과의 대화를 써볼 수도 있다. 질문을 하여 당신 내면을 알아 가라. 현재를 궁금해하고 미래를 꿈꾸라. 당신이 어떻게 다른 사람들과 소통하는지 뿐만 아니라 당신의 내면세계, 당신 자신의 모든 요소에 대해 계속 호기심을 가져라. 이런 호기심이 당신을 성장의 길에 머무르게 할 것이다.

당신의 어두운 부분(그림자)을 계속 인식하라.
어둠이 깊어질 때, 그것을 받아들이고 그 힘을
이용하라.

불행히도, 종종 어두운 부분을 무시하는 것은 우리가 빠져드는 흔한 덫이다. 우리는 자기 내면의 어둠을 길들였다고 확신하지만 그 결과는 우리가 너무 오랫동안 무시한 후에 어두운 부분이 다시 나타나게 할 뿐이다. 어둠이 분출될 때, 그것은 여러 가지 방법으로 우리를 파멸시킨다. 우리의 그림자와 우리가 갖고 있는 마음 상하게 하는 편견, 고정관념, 오만한 태도들을 계속 인식하는 것이 너무나 중요하다. 항상 그림자와 연결되어 있도록 하라. 그림자와 대화하고 귀 기울이고, 영화가 화면에 투영되는 것처럼 당신의 삶에서 다른 사람이나 상황들에 어떻게 투사되는지를 관찰하라. 당신의 어두운 부분이 자기를 점거하고 후회스러운 짓을 했다면 그것을 인정하라. 성장과 개성화는 어두운 자기를 계속 인식하고, 덜 매력적인 자질을 기꺼이 직면하려 할 때만이 일어날 수 있다.

당신의 몸과 연결되어 있으라.

당신의 머리에 지나치게 의존하지 말고, 당신의 몸과 외부 세계와 단절되는 덫을 피하라. 이것이 많은 융학파 사람들과 지적인 유형의 사람들이 빠져드는 덫이다. 관념이나 개념, 원형들이 어떻게 물질적인 세계에서 스스로를 구현하는지도 모르면서 그저 개별적으로만 들여다본다면 실패할 수밖에 없다. 당신의 몸에 귀를 기울이라. 몸이 아프거나 투덜댈 때, 그 속에 묻혀 있는 고통스러운 기억이 있을 때, 이해하려고 노력하라. 몸이 완전히 멋대로 춤추거나 뛰고, 놀고 싶어 할 때는 당신의 몸을 즐겨라.

그게 무엇이든 계속 창조성을 지니고 그걸 표현하라.

어떠한 형태든 당신의 영혼에 생기를 주는 창조성과 소통해야 한다. 표현에는 캔버스의 그림과 같은 예술 작업뿐 아니라 춤, 산문, 점토 조형, 음악 연구, 목소리 사용하기와 그 밖에 수많은 다른 표현이 포함된다. 창조성은 우리의 성장과 개성화에 연료를 공급하는 원초적 에너지를 건강하게 자극하는 훌륭한 방법이다.

당신의 인격의 구성, 강점과 도전 과제를 알라.

당신이 누구인지, 어떻게 당신의 인격이 당신에게 도전하고 당신을 강하게 하는지 계속 궁금해하라. 카를 융의 내향, 외향, 사고, 감정, 직관 등의 개념을 알기 위해 노력하라. 우리가 누구인지를 알고, 우리 인생의 중요한 사람들을 사귀는 방식을 알면, 우리 행동도 이해하기 쉽고 다른 사람들과 적절하게 사귀는 방법도 알기 쉬워진다.

인생의 포물선과, 청년, 중년, 노년은 각각 다른 소명을 가진다는 것을 기억하라.

본인이 생의 어떤 항로에 있는지를 고려하는 것은 중요한 일이다. 우리는 어린 시절에 정신의 전형적인 구조물들인 성격, 소망, 관계 그리고 직업들을 형성한다. 열정과 소명감을 가지고 우리는 희망에 차서 그렇게 한다. 이런 구조물들을 다 만든 중년이 되면 아마도 생산적인 경력, 자라나는 가족, 다른 도전들에 더 몰두할지도 모른다. 종종 중년기에, 중요한 항로를 수정할 필요가 있다. 우리는 정신 차리고 그것을 경청해야 한다. 노년기가 되면 어떤 영역들 에서는 쇠퇴하고 어떤 영역들 에서는 깊어지는, 인생의 포물선의 반대편에 있게 된다. 전형적으로 직장을 떠나게 되고 주위 사람들에게 조언한다. 종종 더 영적이고 더 고귀한 실재와의 내적 연결을 키운다. 각자가 이러한 전형적인 양식들 속에서 자신만의 표현들을 찾아야 할 때는, 지도가 우리 인생 여정의 단계에 따라 나름대로 유용하다는 것을 기억하는 것이 도움이 된다.

스스로에게 진실하라.

마지막 격려는 너무 상투적일 수도 있지만, 말을 해야만 한다. 스스로에게 진실해야 한다! 이게 진정으로 무슨 의미인가? 물론 사람에 따라 그 의미가 달라진다. 이 질문에 대해서, 이 세상에서 당신만의 소명이 무엇인지를 발견하는 중요한 탐색을 포함하는 것이라고 대답할 수 있다. 이는 당신이 인류의 일원으로서 자신의 고유한 유산을 주장하면서, 타인이 당신을 집어넣으려 하는 틀에서 벗어나는 것이다. 당신의 진정한 길이 무엇이든 간에, 당신은 어떤 대가를 치르더라도 당신의 조용하고 속삭이는 내면의 소리에 귀 기울이고, 삶이 당신에게 보내는 신호를 존중해야 한다

스티븐 부저
레너드 크루즈

카이론 출판사 노스캐롤라이나 애쉬빌

제 1 장
생각의 발단
머리 스타인

카를 구스타프 융(1875-1961)은 유명한 스위스의 정신과 의사이자 정신분석가, 분석심리학의 창시자였다. 자신의 스승인 지그문트 프로이트와 결별한 후, 자신만의 상당히 다른 이론을 만들고, 자신의 관점을 설명하는 많은 책과 논문들을 출간했다. 이것들을 모아 18 권의 융 전집이 출간되었다. 이전의 내 책, <융의 영혼의 지도>는 융의 작업과 융의 글들에서 융이 펼친 개념들에 대한 입문서였다.

나는 24 세 때 융의 개념들을 공부하기 시작해 계속 함께해 왔다. <회상, 꿈, 그리고 사상>은 나를 사로잡았고, 나는 결코 되돌아오지 않았다. 융의 작업들은 내가 1968 년 처음 발견했을 때, 흥미진진하고 영감을 주었다. 나는 개업한 융학파 분석가이고 융의 생각들을 내 클라

이언트들과 매일 사용한다. 융의 개념들은 나를 실망시킨 적이 없다. 융은 정신에 있어서 천재였고, 인간의 마음이 어떻게 구성되어 있고 기능하는지에 대한 그의 통찰은 탁월하다. 융의 생각들은 실용적이며, 사람들이 더 충만하고 창의적이며 진정한 삶을 살 수 있게 돕기 위해 의도된 것이다.

제 2 장
페르조나
머리 스타인

자아(ego)의 기능에서 긴밀하게 관련된 두 가지 측면은
페르조나(Persona)와 그림자(Shadow)이다. 페르조나는
우리가 외부 세계에 보여주는 얼굴이다. 제임스 홀
(James Hall)은 다음과 같이 설명한다.

"그림자라는 용어는(중략) 의식의 '빛' 속에 서
있음으로 인해 '그늘'로 던져진 것을 지칭한다.
무엇인가가 무의식에서 의식으로 접근할 때, 도
덕적인 선택의 영역이라고 부를 수 있는 평가의
영역으로 진입한다. 접근하는 것 중에 수용 가능
한 것은 자아에 포함되고, 수용하지 못하는 부분
은 그림자로 해리되거나 억압된다.

인간의 자아(자아는 "나"인 부분으로, 의식의 중심에 있다고 느끼는 부분)가 받아들일 수 있는 내용은 특히 개인이 존재하는 문화적인 상황에서 수용이 가능하다면 큰 어려움 없이 페르조나에 통합된다. 페르조나는 단지 무엇인가를 숨기고 있기 때문만이 아니라, 무엇인가 (사회적 또는 문화적 역할(중략)을 드러낸다는 점에서, 일종의 가면으로 되어 있다. 정말 '잘 맞는다'면 페르조나는 '그 뒤에 있는' 자아의 진실한 본성을 더욱 효과적으로 증진시키고 그것과 소통할 수 있게 된다. 하지만 적절한 자아를 발달시키는 과정에서 남용되거나 자아의 진정한 본질을 가리기 위해서 페르조나가 사용된다면, 병적인 상태가 발생하게 된다. 페르조나가 너무 덜 발달되면, 결함이 있는 피부로 덮인 신체처럼 자아는 외상에 노출되게 된다."[1]

빛을 향해 걸어나가면, 앞쪽으로는 환하게 빛이 비치겠지만, 뒤로는 그림자가 나타난다. 어떤 개인이 본인이 쓰고 있는 가면(페르조나)과 지나치게 동일시하게 되면, 반대의 특질(그림자)에 의해 잠식당할 위험에 놓이게 된다.

융은 "페르조나는 자아가 동일시하고, 주위의 사회적 세상에 적응을 촉진시키는 기능을 하는 집단정신의 부분들로 이루어진다.”고 했다. 페르조나는 사실 '집단 정신의 한 부분'이지만, 개인을 흉내 낸다. 페르조나의 존재는 '가면'과 같이 의식적일 수 있다.[2]

　　"발달의 특정 단계를 지나게 되면 사람의 자아와 의식은 대부분 그 사람이 성장하고 교육받은 문화적인 세계에 의해 정의되거나 형성된다.”[3]

　　"순응을 위해 그러한 사회적 적응을 하는 것은 일종의 사회적 가면인 '페르조나'를 만들어 내는데, 이는 자신의 핵심적인 부분들을 배제한다. (중략) 이러한 사회적인 딜레마가 사람들을, 융이 도덕적 갈등이라고 부른 상태로 만든다. 가장 깊은 곳에서 명령은 전체가 되는 것이다. 사람의 본성이 사회나 문화적인 규제에 반발하게 되고, 만약 이러한 규제들이 이런 본능적인 전체가 되고자 하는 욕동을 심하게 방해하게 되면 콤플렉스의 또 다른 원인이 된다.”[4]

　　"신경증적인 문제를 만들어 내는 것은 프로이트의 주장대로 개인과 사회 그 자체의 갈등이 아니라 한편으로는 부정하고 싶어 하면서도 다른 한편으로는 인정해야 하는 정신에서 일어나는 도덕적 갈등이다.”[5]

　　페르조나와 그림자는 사실상 대립물이다. 개성화의 초기 단계에서 그림자 형태는 꿈에서 페르조나의 특성을 보상하는 동성의 모습으로 나타난다. 만약 페르조나가 밝고 긍정적이라면 그림자의 형태는 '부정적'이고, 반대로 페르조나가 우울하고 열등한 색채로 표현되면 그림자는 '긍정적'이 되기도 한다.

"우리가 속한 사회의 끊임없이 변화하는 도덕적 태도는 다양한 상황에서 우리의 전체성을 단언하는 것을 불가능하게 만든다. 우리는 살아가기 위해, 가끔은 살아남기 위해 우리의 진정한 감정을 부인해야 한다. (중략) 순응을 위해 그러한 사회적 적응을 하는 것은 일종의 사회적 가면인 '페르조나'를 만들어 내는데, 이는 자신의 핵심적인 부분들을 배제한다."[6]

융은 "인간은 집단적인 목표를 이루는 데 가장 유용하지만, 개성화 과정에는 탁월한 한 가지 능력이 있는데, 바로 모방의 능력이다."라고 설명했다.[7] 모방은 페르조나를 발전시키는 기본적인 도구이다. 사람은 자신이 존경하는 사람을 모방하고 그와 닮으려고 한다. 이 과정에서 일종의 정체성이 만들어지고, 이는 우리가 속하기를 바라는 집단에 들어맞도록 하는 데 도움이 된다.

하지만, 온전히 자신 그대로가 되기 위해서는 정신의 부분들을 분리해야 한다. 그 시작 중 하나는 우리의 그림자를 의식하는 것인데, 그러면서 페르조나의 인식도 촉진될 것이다. 초창기의 페르조나와 페르조나와 함께 생기는 정체성으로부터의 실질적이고 깊이 있는 심리적인 분리는 의식적, 무의식적으로 변화를 인식해야 가능하다. 이런 변화가 의식에 의해서만 표면적으로 인식되고 무의식적인 수준에서 훈습되고 받아들여지지 않는다면 죽은 시신을 묻지 않고 감추어 두는 것으로 끝나게 마련이 된다."[8]

"초창기의 페르조나 동일시로부터 분리가 해결되지 않고 불충분하게 분리된 것의 문제는 일어난 일들을 부인하고, 중요한 상실이나 불길한 변화를 다룰 때 모든 방식을 거부하려는, 사람의 자연스럽고 이해할 만한 욕구에서부터 비롯된다. 이러한 외적, 내적으로 변화하는 상황에 대해 방어적으로 부인하는 것은 [은유적으로 말하자면] '시신을 찾는' 활동과 구체적이고 잊을 수 없으며 바꿀 수 없는 방법으로 죽음을 대면함으로써 극복할 수 있다."[9]

"심리적인 경계상태 [역치나 방향감각을 잃게 하는 중간상태를 설명하기 위해 사용된 용어] 동안 사회적으로 정의된 정체성은 '페르조나에 불과한 것', 뒤의 것을 숨기기 위한, 혹은 사회에서 공허한 역할을 수행하는 데 필요한 피상적인 가면에 불과한 것이 된다."[10]

"사람들이 안색, 발이나 손의 크기, 얼굴 모양의 특정 조합들을 골라서 체형을 만들지 않는 것과 같이, 특정한 정체성이나 기질을 의도적으로 선택하여 성격을 만들어 내지는 않는다. 인간 공동체 또한 의식적이고 합리적인 방법으로 문화적인 선호나 방식을 발전시키지 않는다. 대부분의 개인이나 공동체의 산물은 시간, 출신, 유전, 문화적 유산과 같은 역사적 요인과 결정인자들의 상호작용을 통해 생겨난다."[11]

융은 분석심리학에 관한 두 논문 Two Essays of Analytical Psychology 중 두 번째 '무의식의 구조(The Structure of the Unconscious)(1916 년)'라는 논문에서 이것은 '집단 정신에서만 사용하는 가면이며, 개인인 척 하는 가면'(CW 7, §465)이라고 하였다. 융의 자서전에 따르면 융 스스로가 중년의 과도기에 깊이 빠져 있고 강렬한 경계상태를 경험하고 있었다.[12]

이러한 분리는 융학파 용어로 초기 정체성(혹은 페르조나)을 의식적으로 매장하기 전까지는 끝날 수 없다.[13]

페르조나는 영혼의 깊은 경계상태라는 관점에서 볼 때, 거짓과 터무니없는 가식으로 가득 찬, 조롱과 조소의 대상인 텅 빈 가면일 뿐이다.[14]

해리 윌머(Harry Wilmer)는 자신의 저서 <이해하기 쉬운 융: 융 심리학의 개인적 측면 Understandable Jung: The Personal Side of Jungian Psychology>에서 다음과 같이 기술했다:

"내면 세계와 외부 세계의 경계에 우리의 페르조나가 있다: 페르조나의 얼굴은 바깥을 향해 있고, 바깥에서 볼 때 그 뒷면은 가면에 숨겨져 있거나 모습을 가장하고 있다. 페르조나는 융이 그리스 연극배우들이 쓰는 가면에서 이름을 따와 명명한 것인데, 연기되는 역할의 대중적인 표현을 말한다. 우리는 페르조나를 가지고 우리 자신과 우리의 사회적, 외부적 역할을 드러낸다. 페르조나는 얼굴, 의복, 몸동작, 외부 세계에 우리가 누구인지를 말하기 위해 사용하는 모든 과시적인 요소들을 통해 나타난다."

　　페르조나를 통해서, 우리는 종종 이상적인 자신, 자아 이상(ego-ideals)을 보여주려고 한다. 따라서, 페르조나는 우리의 그림자를 숨기고, 타인의 그림자로부터 우리를 보호한다. 이것은 용인되는가 식이다."[15]

　　우리가 쓰는 가면은 보통 개인적인 경험에서 생긴다. 이것은 핵가족에서 시작되고, 가족을 너머 사회로 확대되며, 최종적으로는 주위 문화를 포함시키는 것으로 확장된다. 이 과정에서 미디어가 도움이 된다. 예를 들어 TV 나 영화 속 인물을 봄으로써, 우리 주변 환경을 넘어서서 페르조나를 만들거나 바꿀 재료들을 발견한다. 문화나 관습적인 환경에서부터 해방시키는 것이 무엇이든 간에 이는 페르조나를 인식할 기회를 제공한다. 우리 주변의 낯선 사람들과 우리가 다르다는 것을 보게 됨으로써 자신에 대해 알게 된다. 이것은 여행이 매우 중요한 이유이다. 낯선 문화와의 조우는 우리가 보는 어떤 측면이 우리 주위의 것들과는 다르다는 것을 깨닫게 해준다.

또한 여행은 같은 것을 소망하고, 비슷한 문제를 가지고 씨름하고, 비슷한 방법으로 실패하거나 성공하는, 그러나 여전히 특정 방식들에 있어서는 아주 다른 사람들을 만나게 해줌으로써, 인간 조건에 존재하는 공통 요소로 우리를 안내한다.

"분명히 이전의 묵은 정체성과 분리되는 경험과 과거의 자아에 대한 상실을 인지하고, 이를 애도하고 그것을 잘 치워 두는 경험은 아주 중대하다. 하지만 본질적으로 이전의 페르조나로부터의 분리 중 하나인 이 단계는 다른 과도기 동안에도 공통적인 일다. "[16]

페르조나가 가족이나 문화의 한 세대에서 다음 세대로 이어지느냐에 대해서는 의문이 있다. 어떤 가문에서 조부모로부터 아이들에게 또 손자들에게 성격적인 특성이 대물림되는 것을 종종 보게 된다. 그들은 중요한 특징들을 공유한다. 말하자면 '판박이'인 것이다. 페르조나는 생물학에서처럼 유전이 되는 것은 아니지만, 세대를 거쳐 전해진다. 때때로 '비유전적 문화요소'라고 부르기도 한다. 생물학적 의미로 유전되는 것은 아니지만, 유전적인 전달과 유사하다. 대개 사람들은 자신들이 페르조나를 물려받았다는 것을 잘 모른다. 그것은 마치 거울도 없고 창도 없는 방에서 사는 것과 같다. 우리와 비슷한 사람들로 둘러싸여 있을 때는 다른 관점, 더 객관적인 관점에서 우리 스스로를 보기 어렵다.

제 3 장
그림자(Shadow)
레너드 크루즈(Leonard Cruz) &
스티븐 부저(Steven Buser)

영혼의 지도가 자아와 우리가 쓰고 있는 가면을 넘어서지 못한다면 피상적이고 불완전한 것이 될 것이다. 그림자는 페르조나와 밀접하게 관련되어 있다. 겉으로 드러난 긍정적인 면과 지나치게 적극적으로 동일시하면서, 잘 가려진 반대의 면을 의식적으로 수용하지 않으면, 융이 '반전'이라고 부른 것을 겪게 될 것이다. 반전에서는 그림자 요소들이 예기치 않게 스스로를 주장하기 시작한다. 그림자 속에 넣어둔 의식되지 못한 요소들은 정신 에너지, 기억, 경험, 지각, 편견 등을 끌어 모으는 콤플렉스와 융합되는 경향이 있다는 사실을 기억해야 한다. 그림자는 페르조나와 배치되고 반대되는 콤플렉스이다.

조셉 헨더슨(Joseph Henderson)에 의하면 "융은 개인의 무의식의 수호자로서의 개인적 그림자에 대해 말했다."[17] 자아는 스스로를 긍정적으로 인식하려고 한다. 이는 자아 이상을 만들어 낸다. 자아이상에 매달리는 것은 자아의 그림자를 초래하고 지속되게 한다.

그림자의 세가지 모습

개인적인 면 — 개인적인 생활에서 비롯된 억압된 환상이나 소망, 충동, 생각들

집단적인 면 — 그 기원이 개인적이지 않은 한 시대의 권력, 탐욕, 증오, 욕망

원형적인 면 — 악, 절대악, 악령, 신들과 여신들, 신화와 선사시대

해리 윌머(Harry Wilmer),
<이해하기 쉬운 융(Understandable Jung)>, 2014,
카이론 출판사, 애쉬빌.

우리가 가면을 계속 쓰고 있는 동안에는 시간이 지나도 흉내 내는 사람의 모습이 된다. "페르조나는 가장이며 배우의 인격을 가장하는 기능의 발현이다." 페르조나는 원형이다. 또한 대인관계에 적용하기 위해 필요한 기능적인 콤플렉스이다. 페르조나는 우리가 가장하는 어떤 역할의 일부로서 다른 사람에게 보여주는 것이다. 페르조나는 우리가 되기 원하는 것과 주변 세상이 허락해 주는 것 사이의 타협이다.[18] 페르조나는 우리의 진정한 본질을 숨기고, 자아 이상을 닮기 위해 노력하지만 여전히 마스크를 쓰거나 가장하는 것과 같다.[19]

로버트 존슨(Robert Johnson)에 따르면, "그림자는 의식의 상태로 적절히 들어가지 않은 것이다." 존슨은 계속해서 설명한다. "우리 문화가 우리로 하여금 특정 방법으로 행동하도록 강요하기 때문에 우리가 자기를 자아와 그림자로 나눈다."[20] 우리가 세상에 어떻게 보일지 허락한 것들의 총합이 페르조나라면, 그림자는 의식이 포용할 수 없는 것들의 총합이다.

그림자는 마치 우리의 정신에 거주하는 다른 인물과도 같다. 융은 꿈에서 다른 사람의 존재를 느꼈던 순간을 기술하였다.

"게다가 짙은 안개가 끼어 있었다. 나는 양손으로 작은 등불을 보호하며 걸어갔는데 등불은 금방이라도 꺼질 듯 위태로웠다. 모든 것은 내가 이 작은 등불을 살리는 데 달려 있었다. 별안간 나는 무엇인가가 나를 뒤따르고 있다는 느낌을 받았다. 뒤돌아보니 내 뒤로 다가오는 거대한 검은 형체가 있었다. 그 순간에도 나는-놀랐음에도 불구하고-어떠한 위험이 닥쳐오더라도 이 불빛을 꼭 지켜내야 한다는 것을 의식하고 있었다. 잠에서 깨자 그것이 "브로켄의 유령(브로켄 산 꼭대기의 기후현상으로 인한 거대한 그림자)" 같은 것임을 알았다. 검은 형체는 소용돌이치는 안개 속에서 내가 들고 있던 등불 때문에 생긴 내 자신의 그림자였다. 나는 그 작은 등불이 나의 의식이었음을 알았다. 그것은 내가 지니고 있는 유일한 빛이다.[21]

그림자는 (집단 무의식과 반대인) 개인 무의식에 뿌리를 두고, 우리가 혐오하고 부인하고 억압하는 모든 것을 포함한다. 권력, 탐욕, 잔인하고 흉악한 생각, 받아들일 수 없는 충동들, 도덕적으로 윤리적으로 잘못된 행동 등이 그런 것들이다. 다른 사람들에 대한 인류애를 배신하게 하는 모든 악마적인 것들이 그림자이다. 그림자는 무의식적인 것이다. 따라서 우리는 다른 사람, 사물, 장소 들에서 우리의 그림자와 맞닥뜨리게 된다". 그림자의 투사는 우리에게 치명적인 결과를 초래한다. 우리가 무시하고 투사했던 것은 종종 다시 돌아와서 우리를 문다.[22]

페르조나는 그림자와 상반되는 (대립하는) 것들과 종종 동일시하고, 그림자는 페르조나와 반대되는 원칙이나 기억, 믿음이나 지각들 주위에 모이고 배열한다. 그림자가 안내하는 큰 위험은 그림자 콤플렉스 내에 같이 모이는 것이 무엇이든 종종 다른 사람(것)들에 투사된다는 사실에서 기인한다. 바버라 한나(Barbara Hannah)는 다음과 같이 말한다. "투사는 현실을 완전히 흐리는 장막으로 둘러쌈으로써 우리를 고립시킨다. (중략) 모든 비극이 어떻게 자신 안에서 생겨났는지 보지 못한 채, 자신과 타인의 삶을 재앙으로 이끄는 사람들을 보는 것은 비극이다."[23]

그림자의 발달은 페르조나의 발달과 병행한다. 이 과정에서 가족과 문화로부터 받는 외부 영향은 중요한 역할을 한다. 아이는 모방을 통해 가족과 문화적인 가치와 행동으로 이끌릴 것이고, 그 다음에 이 페르조나에서 특정 정체성을 발견할 것이다. 가족과 문화가 거부하고 억압한 것은 아이 또한 거부하고 억압할 경향이 있을 것이다. 점차 받아들일 수 있는 것들은 페르조나 안에 담기고, 나머지는 그림자 안에 담기게 된다.

뒷날, 개인은 반대편으로 전향해서 가족과 문화의 그림자 특징들과 동일시하고, 반문화적이거나 반체제적인 페르조나를 택할 수도 있다. 그러면 이전에 동일시했던 초기의 특징들을 그림자로 밀어 넣고, 인격에 일종의 반전이 일어나게 된다. 그 결과 이전에 그림자였던 것이 페르조나고, 페르조나였던 것이 그림자가 된다.

그림자를 갖지 않는 방법은 없다. 페르조나가 클수록 그림자도 깊다는 것은 흔히 사실이다. 성인들조차 그림자를 갖고 있다. 그들이 인간이고 인격을 가지고 있기 때문이다. 그림자 없는 인간은 없다.

보통, 꿈꾸는 이와 같은 성별의 사람이 꿈에 나타나곤 하지만, 진짜 사람인지 어떤 지 모르는 경우가 많다. 부정적이고 사악한 속성을 소유한 인물은 그림자 꿈 인물로 알려져 있다.

그림자는 사람의 최고의 적으로 알려져 왔다. 그림자는 사람의 내면에 살고 있는 사악한 쌍둥이나 도플갱어와 같이 그 사람의 어둡고 숨겨진 측면을 인식하게 한다. 어떤 사람이 그림자의 존재를 포용할 수 있을 때, 그림자는 도움이 되는 내면의 인물이 될 수 있다. 우리가 의식하게 되는 데 실패가 필요하다는 것을 유념하는 것이 중요하다. 우리의 실패는 우리를 훨씬 더 인간적으로 만든다. 꿈 그림자(the dream shadow)는 꿈 자아(the dream ego)와 무의식의 어두운 힘들 사이를 중재한다.[24]

정신병리들 안의 신들의 존재에 대한 성찰은 (중략) 여기서 몇 가지 목적에 도움이 된다. 그것들은 원형적 정신병리에 있어 일종의 모험이자, 원형의 작용을 고려함으로써 심리적 역동과 병적인 행동들의 의미를 이해하

려는 시도이다. 이러한 영혼의 장애들을 분석실로 가져
오는 환자들의 고통은 배후에서 작용하는 무의식의 원
형적인 차원을 인식해야만 파악할 수 있다.

　　이런 생각들은 또한 억압된 그림자의 내용물들이 중
년에, 특히 경계 상태 동안 어떻게, 왜 의식으로 돌아오
게 되는지를 밝히는 데 그 목적이 있다. [25] 융은 이런 모
습에 다음과 같은 정의를 덧붙였다. "그림자를 통해, 나
는 인격의 '부정적인' 부분을, 숨겨진 불쾌한 특징들의
모든 합을, 불충분하게 발달된 기능들과 개인적 무의식
의 내용물들을 이해하게 된다."[26] 융은 이 단계의 개성화
과정을 그림자와의 대면이라고 묘사했다. [27]

제 4 장
자아(Ego)
레너드 크루즈 & 스티븐 부저

흔히 자아를 '나'라고 확인된 자기 자신의 측면과 연관 짓는다. 하지만 자아는 그것을 '나'라고 부르기 전부터 이미 형성되기 시작한다. 유아가 자신과 자신이 아닌 것의 차이를 인식하기 시작하면서 자아의 흔적이 형성되기 시작한다고 볼 수도 있다. 자아에 대해 융은 "그것은 말하자면 의식의 영역의 중심을 형성한다."라고 했다.[28] 여기에서 '나'는 '나는 ~이다' 혹은 '나는 ~을 원한다'라고 말할 때의 '나'이며 그 자체로는 특정한 정체성이 없다. 이름은 '나'에게 정체성을 부여한다. 그래서 '사라'라는 이름을 가진 아이는 '내가 원해'를 '사라가 원해'라고 말할 수도 있다.

자아정체성은 국적, 성별, 부족, 종교 등 여러 방향으로 확장된다. 만약에, 아이에게 이름을 지어주지 않아 이름이 없어도 아이는 자아를 가지며, 단지 이름에 관한 정체성(name-identity)이 없을 뿐이다. 아이는 가족이나 형제와 동일시할 수도 있다. 이름은 인류 역사에서 상당히 최근에 나타났다. 그 이전에는 그저 성(family name)만 가지고 있었고, 아마도 이후에 '큰' 또는 '강한'과 같은 별칭이 주어지기도 했다. 자아는 정체성을 추구하며 이름이나 특성 같은 것들과의 동일시를 통해 정체성을 찾는다. 자아는 차별화되고 싶어 한다. 만일 '나'를 정착시켜 주는 이름의 힘에 대해 실험해 보고 싶다면 이름을 바꿈으로써 '나'의 어떠한 측면이 바뀌는지를 살펴보면 된다. 성별을 바꾸는 수술을 하면서 이름도 함께 바꾼 사람들은 이름과 신체가 근본적으로 바뀌었음에도 불구하고 여전히 동일한 '나'를 말한다.

자아는 의식의 진화에 필요하다. 동시에 자아는 우리가 살펴보고 싶어 하는 대상이자 우리 자신을 살펴보기 위해 사용하는 도구이다. 융은 자아에 상당한 관심을 기울였는데, 저서 <아이온(Aion)>에서 '자기'라는 개념이 '자아'를 대체하지 않는다는 점을 분명히 했다. 융에게 있어 '자기'는 전인격이다. 자아는 자아의 기반인 의식의 영역과 동일하지 않다. 하지만 자아는 의식의 영역에 대해 '기준점'을, 그리고 자기 이해와 개성화의 출발점을 제공한다.

의식의 영역에 대한 기준점이기 때문에 자아는 의지를 통해 이루어지는 모든 성공적인 적응의 노력의 주체이다. 그러므로 자아는 정신의 경제학에서 중요한 역할을 한다. 그 역할이 너무나 중요하기 때문에 자아가 인격의 중심이라는, 그리고 의식의 영역이 정신 그 자체라는 편견까지도 충분한 근거를 가지게 된다.[29]

자아로 인해 생긴 왜곡이 없었다면, 무의식의 영역을 탐색할 필요가 줄어들지도 모른다. 융은 "자신과 타인의 삶을 완전히 망쳐놓고도 그 비극 전체가 얼마나 자신에게서 비롯되었는지, 어떻게 그 비극을 기르고 지속시키고 있는지 전혀 인지하지 못하는 걸 보면 참 안타깝다"고 지적했다.[30]

정신적 삶의 지도를 이해하는 데 필요한 구분 중 첫 번째는 의식과 무의식의 구분이다. 무의식은 우리가 인지하지 못하고 또 알면 견딜 수 없는 정신적 내용들이라고 생각하면 된다. 자아가 용납하지 않는 것 또는 수용할 수 없다고 여기는 것을 자아는 무의식의 영역으로 억압한다. 자아는 결국 우리의 의지를 행사하고 의사결정을 할 수 있는 능력뿐만 아니라 자신의 이미지와 이름을 인식할 수 있는 능력의 창고가 된다. 자아는 행동을 방향 짓고 인도한다.

자아는 일생 동안 놀라울 정도의 연속성을 보여준다. "아이는 어른의 아버지다."라는 시인 윌리엄 워즈워스(William Wordsworth)의 말에는 위대한 진실이 담겨 있다.

적절한 때에, 자아의 발달은 사회와 문화와의 대면에 의해 형성되고 채색된다. 아이가 '나'라는 말을 하기 훨씬 전에 형성되기 시작한 자아의 핵심은 점점 더 주위 문화의 영향 속에 둘러싸이게 된다. 융은 자아의 더 깊은 핵심을 제 2 호 인격이라고 기술했다. 문화의 영향을 받아 지니게 된 자질과 특성들을 가지는 자아를 융은 제 1 호 인격이라고 명명했다. 제 1 호 인격은 자아가 전개되는 문화와 환경에 의해 형성된다.

스타인 박사는 삶의 시작부터 끝까지 '나'의 핵심은 똑같지만 그 주변은 시간에 따라 바뀐다고 지적했다. 결과적으로, 자기감각은 심리적으로 발달함에 따라 변화한다. 자기감각은 자기와 동일한 것이 아니라 자기의 반영 혹은 한 측면이라는 점을 기억하자. 페르조나, 그림자, 아니마, 아니무스, 문화적 콤플렉스, 동일시 등을 인지하게 되면 자아감의 확장과 집중이 동시에 일어나게 된다. 우리가 살아가는 동안 '나' 혹은 자아감은 만달라, 즉 중심이 존재하는 온전함의 느낌을 전달하는, 우주 혹은 우주의 소우주를 상징하는 복합적 이미지처럼 되어간다. 예이츠의 시, '재림(The Second Coming)'의 한 구절에 빗대어 보자면, "사방이 무너져 내려도 중심은 지탱할 수 있다."는 것이다. 정신의 삶에서 '나'는 지탱하지 못하는 중심인 반면, 자기는 지탱하는 원형적 중심이다.

최근 스타인 박사는 BTS의 멤버 중 한 명이 내놓은 '세계는 하나의 콤플렉스'라는 아이디어에 대해 어떻게 생각하는지에 대해 질문을 받았다. 그는 이렇게 답했다. "'자아 콤플렉스'에 대해 얘기할 때는 정신 전체의 더 큰 관점에서 바라볼 목적으로 얘기합니다. 주로 정신에 있는 것이 전부라고 생각하지요. 사실은 전체의 한 부분, 즉 한 작은 부분에 불과합니다. 만약 '세상은 하나의 콤플렉스'라고 한다면, 당신은 똑같은 일을 하고 있는 것이라 생각합니다. 말하자면 세계에 대한 당신의 그림을 더 큰 관점에서 바라보고 현실은 인지하거나 상상할 수 있는 이상이라고 얘기하는 것과 마찬가지예요. 그렇게 되면 그 단어는 상대적인 의미를 가지게 되고 그 문구의 한계도 드러나게 되죠."

융은 정신과 신체를 구분하지 않는다. 이 둘은 동일한 물질이며 동전의 양면이다. 정신과 신체는 끊임없이 서로 상호작용한다. 자기는 신체, 정신, 영으로 만들어진 전체이다. 이런 의미에서, 융은 의사이자 정신과 의사였기 때문에 정신과 신체의 밀접한 관계에 대해 잘 알고 있었다.

융은 자아에는 마음대로 쓸 수 있는 자유로운 '여분의' 에너지가 어느 정도 존재한다고 주장했다. 이 에너지는 자유의지에 의해 사용 가능하며 문화를 이룩하는 데 사용될 수 있다. 대부분의 사람들은 자신이 실제로 가지고 있는 자유의지보다 더 많은 자유의지를 가지고 있다고 생각하는데, 무엇이 실제로 자신에게 동기를 부여하는지를 인식하지 못하기 때문이다. 적어도 인간은 살 의지와 죽을 의지는 가질 수 있는 것 같다. 자유의지를 가지고 무엇을 하는지가 매우 중요하다. 모든 생물은 어느 정도의 의식을 가지고 있지만 본능의 명령에 반하여 무언가를 할 수 있는 능력을 가진 생물은 거의 없다. 인간은 이 점에서 예외적인 것 같다.

스타인 박사는 사람들이 서로 어울려 지내는 것을 중요시하는 사회가 개성화를 저해하는지에 대한 질문도 받았다. 그는 이렇게 대답했다. "네, 그 이유는 페르조나가 삶과 발달에 있어서 다른 가능성들을 배제하기 때문입니다. 하지만 너무 많은 자유는 다른 문제들을 야기합니다. 인간은 길을 하나 선택해서 그 길을 좇아야 하기 때문이죠. 전통적인 사회에서는 사회적 지위, 계급, 성별 그리고 개인을 규정하는 다른 것들에 의해 그 길이 주어졌습니다. 더 개방된 사회에서는 개인들이 자신의 길을 자유로이 찾습니다. 때로는 선택의 폭이 너무 넓어서 사실 영원히 결정을 하지 못해 정체되게 되지요. 개성화에

는 자기와 사회 사이의 갈등과 투쟁이 어느 정도 필요합
니다. 그러나 반드시 균형을 이루어야 합니다."

제 5 장
자아, 정신 생활의 육분의
레너드 크루즈 & 스티븐 부저

자아는 정신생활의 표면에 존재한다. 자아는 우리가 '나'라고 얘기할 때 의미하는 모든 것을 포함한다.

성격의 영역을 탐험할 경우, 자아는 마치 선원들이 바다에서 배의 위치를 파악하기 위해 사용하는 도구인 육분의(sextant)와 같은 역할을 한다. 태양이 있을 때에는 육분의를 이용해 태양의 위치를 수평선과 비교해 위도를 찾는다. 밤에는 육분의로 천체의 물체들과 수평선 사이의 각도를 이용해 지구 표면에서 더욱 완전하고 정확한 위치를 찾는다. 유사한 방식으로, 순수하게 태양과 같은, 의식적인 자기 검토(자아

및 페르조나)를 통해 얻은 이해는 밤시간의 더 깊은 무의식적인 탐색을 통해 얻은 추가적인 이해 없이는 불완전하다. 우주의 바깥 지대나 해저 깊이, 지하의 영역을 탐색하는 데 육분의가 별 도움이 안 되는 것과 마찬가지로, 자아는 집단 무의식이나 개인의 무의식을 탐색하는 데는 역부족이다.

정신의 의식적인 측면들은 우리가 알고 있고, 쉽게 파악할 수 있고, 얘기할 수 있는 요소들이다. 자아는 어떤 것이 의식에 들어오도록 허용되는지를 관장하는 의식적인 존재이며 무의식적인 것들을 정지 상태로 둔다. 수용할 수 없거나, 지나치게 감정적으로 폭발력이 있거나, 포용하기엔 너무 고통스럽거나, 단순히 이상(자아 이상)과 맞지 않다고 자아가 규정하는 것은 의식적인 지각에서 배제된다. 이렇게 대립물로 양극화되면 페르조나와 그림자가 분열하게 된다.

자아와 관련된 또 하나의 반대되는 양극성에 대해 언급할 필요가 있다. 융은 남자의 정신 내부의 여성적 존재인 아니마와 여자의 정신 내부의 남성적 존재인 아니무스에 대해, '내부의 집단적 무의식과 접속하는 심리적 구조로서 집단적, 사회적 세계와 접속하는 페르조나에 상응'한다고 설명했다.[31] 융은 반대성의 존재(남자의 아니마와 여자의 아니무스)를 아는 것이 매우 중요하다고 보았다.

개성화는 개인적 무의식의 문을 여는 그림자의 측면과 원형적, 집단적 무의식의 문을 여는 아니마/아니무스의 측면을 통합하는 것을 포함한다.

인간이 자신의 길을 가도록, 마치 안개처럼 둘러싼 무의식적이고 집단적인 정체성을 초월하도록 유도하는 것은 결국 무엇인가? (중략) 그것은 흔히 말하는 소명, 즉 인간이 무리로부터, 잘 닦여진 길로부터 스스로를 해방시키도록 운명 지우는 비이성적 요소이다. (중략) 소명을 가진 자는 누구나 내면의 목소리를 듣는다. 그는 부름을 받는 것이다.[32]

또 한 가지 언급할 게 있다. 융은 대극반전(enantiodromia) 이라는 용어를 사용하여 원래 하나였던 것을 상반되는 한 쌍의 대립물로 쪼개는 정신의 내재적 경향성을 설명했다. "시간이 경과하면서 나타나는 무의식적 대립물을 지칭하기 위해 나는 대극반전이라는 용어를 사용합니다. 이 특징적 현상은 극단적이며 일방적인 경향성이 의식의 삶을 지배할 때 거의 항상 나타납니다. 시간이 흐르면서 그만큼 강력한 반대 입장이 구축되는 거죠." 자아는 때로 '극단적 대립으로 반전'될 수 있다.[33]

이에 대한 유명한 일례를 조지프 콘래드(Joseph Conrad)의 <암흑의 핵심(Heart of Darkness)>에서 말로(Marlowe)가 말한 내용에서 찾아볼 수 있다. 여기에서는 품위 있고 문명화된 이상주의자(Kurtz)가 문명화시켜야 겠다고 여겨온 사람들 사이에서 어떻게 야만적이고 광기와 잔인함과 악의로 가득 찬 신처럼 행동하는 인물로 돌변하는 완전한 반전을 겪는지를 자세히 이야기해 준다. 독자는 정신(psyche)이라는 단어와 영혼(soul)이라는 단어가 종종 교체 사용된다는 것을 알게 될 것이다. 이는 두 단어의 관계가 매우 가깝다는 의미이며 자기 성찰에 있어 겸손을 유지하도록 상기시켜 준다.

제 6 장
지도, 지각 그리고 통각
레너드 크루즈 & 스티븐 부저

지도는 영토가 아니다
  – 알프레드 코집스키(Alfred Korzybski)

"최근에 정신의 지도에 대한 질문을 받았습니다. 저는 다음과 같이 설명을 했지요. 영혼의 지도는 꿈, 환상, 감정 반응과 기분, 매료됨과 혐오감의 중요성과 의미, 출생에서 노년기 및 죽음에 이르기까지의 심리적 발달 과정을 포함하는 내면 세계의 일종의 안내서입니다. 내가 이 책 (<영혼의 지도(Map of the Soul)>, 오픈코트 출판사, 1988)을 낸 목적은 사람들이 꿈을 꾸고, 상상하고, 타인에게 감정 반응을 보이고, 나이가 들면서 변화해 갈 때 자신의 정신에 무슨 일이 일어나는지 확인해서 이름을 붙일 수 있도록 돕기 위해서입니다." (머리 스타인, BTS ARMY 팬의 질문에 대답하며)

융의 지도들은 섬세하며 암시하는 바가 많다. 디테일이 부족한 부분을 심리적 보물이 어디에 있는지 알려줌으로써 보상한다. 무의식적 내용들을 의식으로 통합하는 과정인 개성화는 마치 납을 심리적인 황금으로 변환하는 것과 같다.

"누구나 내면의 황금을 지니고 있다. 그것은 만들어지는 것이 아니라 발견되는 것이다. (...) 우리 삶의 새로운 가능성에 눈이 뜨일 때 종종 그것을 다른 사람에게서 먼저 보게 된다. (...) 우리의 금을 다른 사람에게 투사하면서 갑자기 그 사람만 생각하게 된다. [그리고 그것들은] 너무 환하게 빛을 발해서 그(혹은 그녀)는 어둠에서도 빛이 난다. (...) 우리가 다른 사람에게 있다고 생각하는 것들을 관찰할 때, 우리 자신의 깊이와 의미를 보게 된다." [34]

한국의 사려 깊고 인정 많은 7인조 그룹 방탄소년단(BTS)은 페르조나에 대한 관심이 재개되는 데 깊은 영향을 주었다. 페르조나는 자기와의 만남을 깊이 이끄는 출입구이다. 페르조나를 인식하고 예전에는 의식하지 못한 측면들을 통합한 사람은 보다 진정하고 풍성한 삶으로의 문을 열게 된다.

내면의 영역을 탐험하기 위해 사용할 수 있는 유일한 도구는 정신생활 자체의 요소들이다. 의식적인 지각으로 정신 전체를 검토하는 것은 거울 없이 스스로의 얼굴을 보려고 하는 것과 비슷하다. 코와 입술, 눈썹과 광대뼈의 일부는 볼 수 있을지 모르지만 그건 얼굴 전체의 일부에 지나지 않는다.

융은 '지각(perception)'과 '통각(apperception)'을 명확하게 구분했다. 지각은 우리의 오감에서 발생한다. 광자의 흐름(빛) 혹은 음파의 흐름(소리)과 같은 자극은 우리의 눈 또는 귀에 각각 도달한다. 이러한 기관들은 자극에 반응하는데, 이것은 지각을 의미한다. 어떤 의미에서 우리는 환상과 망상으로 가득한 가상의 세계에 살고 있다. 통각은 자극에 부여한 해석으로 구성된다. 대수롭지 않은 것처럼 보이지만 이 미세한 차이가 우리를 겸손하게 만든다. 이 차이는 최고의 지도라도 영토 자체는 아니라는 걸 우리에게 상기시킨다. 사례를 보면 지각과 통각의 차이를 구별하는 데 도움을 얻을 수 있을 것이다.

응급차량의 사이렌이 요란한 신호음을 내고 있다. 그 음파가 두 사람의 귀에 거의 동시에 도달했다고 가정하자. 한 사람은 침대에서 벌떡 일어나 즉시 방화복을 입고 소방 헬멧을 착용하고 소방차를 향해 달린다. 다른 한 사람은 사이렌이 울리는 시점에 소방서 앞을 운전하며 지나갔는데 사이렌 소리를 듣고 즉시 주위를 둘러보며

법이 정한 대로 길을 비켜줘야 할 강한 의무감을 느낀다. 두 사람의 귀에 도달한 사이렌 소리 자체는 지각이다. 소방관은 그 소리를 행동개시에 대한 요청으로 해석하고 화재나 비상사태에 대응하기 위해 잘 훈련해 온 절차에 들어간다. 운전자는 그와는 매우 다른 행동개시 요청이라고 느끼며 즉시 길 옆으로 안전하게 정차할 방법을 찾는다. 그들은 한 자극에 대해 다르게 해석한다. 그 자극에 대한 그들의 해석이 통각이다.

우리는 타고난 성향, 삶의 경험, 교육, 문화적응의 조합을 바탕으로 각기 다른 통각을 형성한다. 어린 시절, 아마도 그 소방관은 호기심과 탐색욕구를 가지고 큰 소음에 접근하는 아이였을 것이다. 반면에 그 운전자는 새롭고 강렬한 자극으로부터 물러서는 경향을 보였을 수 있다. 그 소방관은 불에 뛰어드는 직업을 가질 운명이었고 그 운전자는 불에서 도망갈 운명이었다고 할 수 있을까? 그럴 가능성은 없어 보이지만 누가 알겠는가? 여기서 두 가지를 지적하고 싶다. 지각과 지각에 대한 해석은 다르다는 점, 지각의 해석은 생물학적 요소, 과거의 이력, 문화 등에 의해 형성된다는 점이다.

제 7 장
돌파와 중년
레너드 크루즈 & 스티븐 부저

그림: 잉그리드 셀머-라르센 '야누스', c. 1938 (보드지에 수채물감과 흑연), 워싱턴 국립미술관

편안하고 익숙한 "나"라는 감각을 산산조각 내는 파괴적인 생활 사건은 흔히 무의식적 깨달음의 빛이 들어올 수 있는 자아의 틈을 연다. 무의식으로부터 분출하는 것들이 자아에게는 치명적 위협으로 느껴지기 때문에 자아는 이러

한 순간들을 피하려고 할 것이다.

　　무의식이 뚫고 나와 우리에게 자신의 존재를 드러내는 경우가 있다. 이러한 깨달음의 순간들은 흔히 삶의 폭풍, 즉, 처음에는 반갑지 않은 위기와 함께 찾아온다. 타인과의 강렬한 상호작용이 그렇듯, 운명은 사람을 종종 그들의 자아에 갈라진 틈이 생기는 지점으로 이끈다. 나는 스스로를 이렇게 보는데 나를 잘 아는 사람들은 나를 전혀 다르게 본다는 사실을 깨닫게 되기도 한다. 이러 한 순간에 우리는 자아에서 흘러나오는 두 가지의 강한 흐름이 있다는 사실을 깨닫게 된다.

그림: "야누스", 수채화, 토니 그리스트
https://commons.wikimedia.org/wiki/File.Janus.jpg

페르조나와 그림자는 야누스처럼 자아가 깨닫는 것을 견디는 것과 견디지 못하는 것 사이에서 이행을 주재한다. 야누스는 문(門)과 이행 뿐 아니라 시작과 끝을 주재하는 로마의 신이다. 그는 종종 반대 방향을 보고 있는 두 얼굴을 가진 흉상으로 묘사된다.

중년은 과도기이다. "억압된 그림자가 중년, 특히 중년의 경계 상태(liminality; 전환기를 지칭하는 용어)에 돌아올 거라는 점은 거의 예측 가능하다. 그림자의 복귀에 수반하는 감정을 흔히 '사춘기'라는 단어로 표현한다. '다시 십대가 된 것 같아.' 어쩌면 무의식에 대항해 억압된 내용을 붙잡아 둘 방어기제의 구조가 약화되었기 때문에, 혹은 무의식이 평소보다 더 강한 에너지로 충전되었기 때문에, 아니면 두 가지 모두의 이유 때문에, 충동, 추동, 환상, 갈망, 이전에 억압되었던 소망이 중년에 강렬하게 재등장한다."[35]

미래로 향하는 삶의 경로에는 표시도 없고 심지어 지도에도 없으며, 미래 자체도 모든 방향에서 상상이 불가능한 것처럼 보인다. 이 뒤에는 탈구조화와 분리의 시기, 페르조나와 정체성, (중략) 미래의 꿈과 이상의 전반적인 붕괴의 시기가 있다. 중년기에는 이런 것들(페르조나와 정체성, 꿈과 이상 따위)은 치워져 있다. 이제 길은 낯설고 불분명하다. 집단적 가치, 젊은 시절의 이상, 오래된 습관들은 더 이상 길을 인도하지 못하기에 어느 방향을 택해야 할지에 대한 불안한 불확실성이 존재한다. 끊임없이 내면의 갈림길에서 혼란스러워하며 갈팡질팡 하는 것처럼 보인다. 과거에는 앞길을 인도해 주고 조언 을 주던 심리적 기능과 태도도 이제는 희미할 뿐이며, 조 언을 하더라도 더 이상 아주 설득력이 있지는 않은 것처 럼 보인다.[36]

융 자신도 인생의 강렬한 정서적 전환점이라고 느낀 중년의 과도기를 경험했으며, 그 경험을 '무의식과의 직 면'(1961, pp. 170-99)이라고 불렀다. 융은 그에 따른 단 계와 수준들에 대한 개념화를 자신의 주요 심리학 저서 이자 집중적인 편집과 재작업을 거친 <분석심리학에 관 한 두 논문(Two Essays in Analytical Psychology)>에 실 었다. 여기에서 에릭 에릭슨(Erik Erikson)이 심리사회적 정체성이라고 부른 것에 대략적으로 상응하는 구조의 붕괴를 설명한다. 이는 지금까지 억압되거나 무의식적인 인격의 두 가지 요소의 방출을 수반한다. 하나는 '거절당 하고 열등한 인간'으로, 우리는 이러한 인간이 되지 않으 려고 항상 안간힘을 쓴다(그림자). 이 뒤에는 반대의 성 별을 가진 '타자(other)'가 있다(여자의 아니무스 및 남자 의 아니마). 우리는 이 타자의 힘을 정당한 이유로 부정 하고 피해 왔다.[37]

정신내적 관점에서 볼 때, 중년의 과도기의 첫 번째 단계에서 분리해 내야 할 것은 과거의 정체성, 즉 페르조나다.[38]

이러한 기능 방식은 명백한 패배의 경험의 순간을 통해, 특히 그 패배가 크고 중년기와 같은 삶의 중요한 순간에 일어나는 경우, 심각한 위기를 맞게 된다.

그렇게 되면 자아와 페르조나 사이에, 즉 '지금 나 자신이라고 느끼는 사람'과 '과거에 내 눈에 그리고 타인들의 눈에 비쳤던 사람' 사이에서 정체성의 틈이 벌어질 수 있다. 이러한 괴리를 잠깐이라도 들여다보는 건 공포스러울 수 있다. 이 과거의 정체성과 그 기반이 되었던 꿈들이 오그라들고 사라질 때, 갑자기 삶의 상승곡선과 전진 팽창의 움직임의 한계와 더불어 자아의 취약성과 그림자 인격에 대한 깨달음이 온다. (중략) 이러한 의식적인 깨달음의 순간은 과거의 페르조나와의 동일시로부터 분리하는 데 중요한 역할을 한다. 이 깨달음을 완전히 받아들이지 못하면, 자아의 자연적 방어기제들로 인해 페르조나는 다시 원래의 위치로 돌아오고 페르조나와의 동일시를 회복하기 위해 최선을 다할 것이다. 비록 페르조나가 이제는 약간 거짓되고 닳아 보이지만, 이 모든 균열에도 여전히 고요해 보이고, 페르조나 없이 노출되는 것보다는 안전을 더 잘 보장해 줄 것처럼 보이기 때문이다. (후략)

중년기에 치명적인 실패를 경험하는 사람이 모두 다 기존에 하던 것을 '완전히 멈추고' 과거의 페르조나와의 동일시에서 의식적으로 분리하는 것은 아니다. 익숙한 페르조나와 연계된 정체성 없이 미래에 직면한다는 생각에 공포에 떨면서, 실제로는 아무것도 바뀌지 않았다는 환상을 만들어 내기도 한다. 이런 경우 페르조나가 사실상 소멸된 후에도 과거의 패턴을 고수할 것이다.[39]

자신의 초기 저서에서 스타인 박사는 "콤플렉스는 경험을 소화하고 내적 대상으로 재구성한 후에 정신에 남아 있는 것입니다. 분석은 콤플렉스들을 밝혀내고 자아의 의식적인 성찰에 노출시키려는 노력입니다."[40] 라고 말했다. 콤플렉스가 발달하면, 동물의 본능과 비슷한 방식으로 행동에 영향을 준다. 본능과 마찬가지로 우리의 선택, 선호, 혐오, 행동을 주도하는 콤플렉스들을 의식에서 인지하지 못한다. 본능과 다른 점은 콤플렉스는 타고난 것이 아니라 만들어진다는 점이다.

융에 따르면, 콤플렉스는 "우리의 꿈에 나타나는 주인공들로서, 우리는 그들 앞에서 너무나 무력하다. (중략) 이 개구쟁이 같은 콤플렉스들은 가르칠 수가 없다."(융, CW, 제 8 권, para 202). 콤플렉스는 자아가 지시하는 대로 움직이길 거부하는 신경질적인 존재들이다. 콤플렉스의 핵심은 두 부분으로 이루어져 있는데, 이 두 부분은 '근원적 외상의 이미지 혹은 정신적 흔적 그리고 이와 밀접히 연관된 선천적인 (원형적인) 부분' [41] 이다.

콤플렉스의 강도와 자아가 자신의 길을 선택할 자유 사이에는 역함수의 관계가 있다. "콤플렉스가 강할수록 자아의 선택의 자유가 더욱 제한된다."[42] 하지만 모든 콤플렉스가 트라우마에서 시작되는 것은 아니라는 점을 분명히 해두자. 융은 '궁극적으로 자신의 본성 전체를 긍정하는 것이 명백히 불가능한 데서 비롯되는 도덕적 갈등' [43] 을 직면할 때 콤플렉스가 일어날 수 있다고 지적했다.

"소시오패스는 양심이나 다른 사람들에 대한 공감 능력이 없는 사람이다. 타인에게서 훔치거나 타인에게 상처를 입힐 때 수치나 죄책감을 느끼지 않는다. 그들은 주로 삶에서 사랑과 수용을 경험하지 못한 사람들이다. 어쩌면 그들의 부모가 그들을 방치하거나 학대해서 그들도 자기 아이들에게 똑같이 하는지도 모른다. 그들은 매력적이고 매혹적인 페르조나를 사용하는 데 매우 영리하게 행동할 수도 있다. 가면(페르조나)과 이기적인 자아는 내부적으로 서로 연결되어 있지 않다."

"프로이트 정신분석과 마찬가지로, 융의 심리학도 자아는 정신적 우주의 안정되고 특권을 지닌 중심이라는 전형적인 개념을 해체한다. 또한 억압을 극복하고 개인의 인격의 그림자 측면을 의식으로 끌어 올리는 것을 추구한다. 하지만 정신분석을 넘어 융이 집단 무의식의 영혼이라고 부른 것과 지속적으로 소통하는 것을 추구한다. 이는 자아심리학의 비전보다 더 깊은 수준의 영혼이다. 이러한 급진적인 움직임에는 고된 심리적 노동이 요구된다. 융의 심리학의 궁극적 목적은 개인적 및 집단적 단계에서 존재의 신체적, 심리적, 영적 관점들을 인지하고 통합하는 것이다."[44]

"개성화에 대한 소명은 우리를 앞으로 나아가게 한다. 성공적일 경우, 조건화 된 끝없이 반복되는 패턴의 늪으로부터 우리를 해방시킨다. 근본적인 확신은 인간은 개인적, 집단적으로 의식에서 진화하고 있으며 우리는 분명히 이 과정에 참여할 수 있고 어떻게 하는지를 알기만 한다면 특정한 방식으로 에너지를 부여할 수 있다는 것이다. 이를 위해, 자세한 방법을 제시할 수는 없지만, 도움이 될 만한 힌트를 몇 가지 제시하고자 한다."[45]

"개성화의 과제는 실제 개성을 종종 대체하는 원형적인 것으로부터 고유한 개성을 구별해 내는 것이다."[46]

개성화는 가능한 한 쉽게 말하자면, '의식의 고취 및 발달 프로젝트'이다. 구체적으로는, 정신에서 가장 두드러진 존재들과 동일시하며 그들에 의해 조종당하는 것과는 반대 성격의 다양한 측면과 의식적인 관계를 형성하는 것을 수반한다.

성인의 개성화의 과정은 크게 두 가지의 움직임으로 진행된다. 첫 번째는 엄밀한 분석을 통해 무의식을 분해하는 것과 관련이 있다. 연금술사들은 이것을 분리(separatio), 즉 혼합된 요소들의 분리라고 불렀을 것이다. 이 분석적 분리는 정신의 외부에 있는 현실에 주로 기반을 둔 존재들과 내용(즉, 타인과 물체들)으로 만들어진 정체성들과 정신 자체(소위 내면의 존재들)에 기반을 둔 것들, 두 가지 모두를 해체하는 것을 포함한다. 이 탈동일시의 움직임은 보다 명료한 의식, 즉 깨끗한 거울의 창조를 유발한다. 이와 동시에 일어나는 두 번째 움직임은 꿈, 적극적 상상, 동시성적 사건들에 나타나는 집단 무의식의 원형적 이미지들에 주의 깊고도 지속적인 관심을 기울이는 것을 요구한다. 이런 움직임에는 구체적으로, 의식적인 기능의 패턴과 일상생활 속으로 이 새로운 질료를 들여오는 것이 포함된다. [이 지점이 바로 주간 및 야간 일기 작성이 도움이 될 수 있는 부분이다.]

개성화에는 복잡하게 얽혀 있는 여러 동기와 정신을 구성하는 자기의 부분들을 분리해 내고 그것들을 보다 뚜렷하게 만드는 것, 다시 말해서, 자신의 인격과 씨름하며 그로부터 어느 정도 거리를 획득하는 것이 필요하다. 다른 한편으로 새로이 출현한 정신의 특징들이 의식 안으로 들어오게 하고 새로운 전체로 통합되는 것이 필요하다. 간단히 말해서, 개성화는 어쩌면 수용과 존중으로 자기의 모든 면을 포용하는 것을 의미할 수 있다. 융의 심리학이 제공하는 것은 정신의 모순들을 의식 안에 유지하고 그 복잡성을 수용하는 방법이다. [47]

"간단히 말해서, 개성화의 원리는 인간에 관한 본질적인 무언가를 규정한다. 스스로를 주변 환경으로부터 구별하는 것은 인간의 근본적 욕동이다. 욕동은 부분적으로는 개성화이며, 개성화를 위한 에너지는 인간의 의식에 이미 주어져 있다. 한 개인이 되는 과정에서 개인은 구별과 분리를 이루어 내야 한다. 인간의 의식 안에서 특별함을 만들어 내고자 하는 욕동, 자기 본연의 모습이 되고자 하는 욕동은 자연에 기반을 두고 있다. 그러므로 이러한 욕동은 개성화를 추구하는 인간의 본성과 일치한다. 개성화를 향한 움직임은 선택사항이 아니고 조건부가 아니며 문화적 차이의 모호함에 좌우되지 않는다. 많은 사람이 개성을 무시하고 억압하며, 비협조적이거나 '다르게' 보이는 게 두려워서 그 존재를 인정하지 않으려는 복잡한 시도들을 통해 자신을 왜곡하고 있지만, 개성화는 이미 정해진 것이다."[48]

본질적으로 차별화된 본성을 지닌 사람은 의식적이되고, 다른 이들과 구별되어 독특해지고 싶은 충동에 의해 움직인다. 이 목표를 이뤄 가는 과정에서 복잡성의 모순, 즉 심리적으로 상반되는 것들을 발견한다(혹은 만들어 낸다). 차별성과 취향에 기여하는 대립적 특성들이 쌍으로 이루어져 있기 때문에, 그중 하나와 특히 동일시하려는 취약성이 생길 수 있다. 그런 사람은 이 한 쌍 중의 한쪽과 동일시하도록 끌리고, 다른 쪽과는 거리를 두게 된다. 이런 방식으로 개성화 정의의 첫 번째 단계는 달성되고, 자기와 타자는 대립물의 쌍으로 존재하게 된다. 그리고 그림자가 만들어진다. 이 지점에서 차별화된다는 착각이 일어나기도 한다. 이 단계가 개성화의 일부이긴 하지만 아직 진정한 개성화는 아니다. 왜냐하면 동일시한 특성들이 집단적 특성이지 개인적 특성이 아니기 때문이다. 개인적인 특성은 아직 출현하지 않았다. 집단적인 것과 동일시되는 이 단계는 '청소년기 동안의 정체성 형성으로 묘사' [49] 된다.

제 8 장
기호와 *상징*
레너드 크루즈 & 스티븐 부저

융은 개인의 지각은 지각에 사용된 렌즈에 의해 제한을 받는다는 점을 강조했다. 융은 지각과 통각을 구분했다. 외부의 문화적 영향과 더불어 각자의 개인사(의식과 무의식 모두)는 지각이 통과해야 하는 렌즈와 필터의 특징을 결정한다.

융은 우리에게 지각이 다시 제시되는 강력한 방법 중 하나는 기호 또는 상징임을 알고 있었다. 또한 상징이 무의식이 소통하는 주된 방식임을 인식했다. 기호와 상징은 다르다. 상징은 여러 가지를 한 번에 나타낼 수 있지만 기호는 그 의미가 보다 구체적이다.

기호:

예를 들어, 카이론 출판사의 로고는 1980년대 초에 만들어졌는데, 현재 노스캐롤라이나 애쉬빌에 위치한 회사를 아주 구체적으로 지칭한다. 기호는 아주 구체적이어서 어떤 사람이 이를 사용한다면 로고의 독창성을 침해하는 일이 될 것이다.

상징:

흑백으로 된 이 평화의 상징을 생각해 보자. 이것은 평화에 대한 생각을 암시하지만, 베트남전 후반의 항의시위의 시기를 나타내기도 한다. 평화는 다층적이고 다면적이다. 상징은 더 암시적이고 함축적이다.

가시 돋친 철사를 평화의 상징에 감아 둔다면, 이는 투쟁이나 심지어 국경을 강화하는 노력을 암시할 수도 있다.

기호나 상징과의 만남은 종종 원래의 지각보다 훨씬 강력하고 의미 깊다. 말보다는 분명히 더 그러하다. 심오한 고대적 상징이 선택되고 기호로 바뀔 때도 있다.

예를 들어, 원 안의 삼각형 상징은 신성의 삼위 일체의 성질에서부터 연금술의 전통을 비롯해 더 많은 것들을 암시하는 고대 기하학적인 도형이다. 이는 아주 널리 퍼져서 미국 통화의 모든 것을 아는 눈과 함께 등장하고, 장미십자회와도 관련이 있다.

이 상징은 익명의 알코올중독자들 모임인 AA(Alcoholics Anonymous)를 식별하는 이미지의 기초가 된다. 원 속의 삼각형이라는 심오한 상징을 가져다 회복과정에 있는 사람들을 돕는 특정 동료 지원 운동으로 축소시키는 동안, 상징은 기호로 바뀐다. 이와 함께 상징의 신비, 넓이, 깊이는 약화된다.

상징은 무의식에서 비롯되는데, 심리 탐색에서 강력한 도구로 사용될 수 있다. 융은 꿈이 무의식적 내용들의 상징적 표상이라고 보았다. 무의식적 내용들은 두 가지의 원천으로부터 나온다. 하나는 주변 세계에 존재하는 외부 원천(즉, 우리가 지각하는 것들)이며, 다른 하나는 무의식의 정신세계에 존재하는 내부 원천이다. 내면의 무의식적 내용들을 의식하기 위해 꿈꾸는 이에게 상징이 다시 나타난다. 언어로는 불가능하다! 의식의 내용과 언어로는 부족한 곳에서, 상징과 같은 다른 방식들이 성공하게 되는 것을 보게 된다.

음악은 가장 감정을 많이 불러일으키는 경험 중 하나이다. 아주 유명한 밴드의 콘서트에 모인 인파를 보면 무의식의 내용이 어떻게 우리의 의식적인 자기에게 스스로를 알리는 지 알 수 있다. 사실 BTS 가 청중과 ARMY 팬들에게 주는 놀랄 만한 영향은 고무적이다. BTS 는 융이 생각하기에 집단 무의식에 뿌리를 둔 보편적인 메시지를 가지는 결혼식 음악 같은 것이라 할 수 있다. 예술, 꿈의 이미지, 영화와 다른 양식들은 무의식이 의식으로 나타날 수 있는 입구를 제공한다. 무의식적 내용물들에 다가가는 한 가지 방법은 꿈과 상징적 경험들을 예우하고 존중하는 것이다. 우리가 상징적인 신호를 인식하는 법을 배울 때, 예술, 음악, 동작, 조소, 연극이 모두 무의식적인 재료가 의식으로 돌파해 나오는 것을 촉진할 수 있다는 것을 발견할 것이다.

제 9 장
당신의 얼굴, 당신의 이름, 당신 자신
레너드 크루즈 & 스티븐 부저

"자기 자신에게는 이 얼굴을, 다른 사람들에게는 다른 얼굴을 오랫동안 보여줄 수 있는 사람은 아무도 없다. 결국 어느 얼굴이 진짜인지 갈피를 잡을 수 없게 된다." (나다니엘 호손, <주홍글씨>)

인간은 사회적 존재이다. 현대의 연구자들에 따르면, 인간의 언어는 처음에 단순한 옹알이로 시작하지만 상호적으로 주고받는 교환을 통해 발전된다고 한다. 얼굴 인식과 구별은 아주 어린 나이에 시작되며, 우리가 쓰는 가면도 상당히 어렸을 때 만들어지기 시작한다.

얼굴을 인식하는 능력은 출생과 함께 발달하기 시작한다는 여러 증거가 있다.[50] 몇몇 연구에 따르면, 다른 인종들의 얼굴을 본 적이 없는 유아는 출생 후 3 개월이 되면 자신과 같은 인종의 얼굴에 대해 선호를 보인다고 한다. 이는 우리가 서로에게 보여주는 얼굴과 이 얼굴이 서로에게 불러일으키는 반응이 심리 발달의 가장 초기 특징 중 하나임을 시사한다.

얼굴은 '나'에 대한 느낌과 연관 짓는 중심 요소 중 하나이다. 안면 이식 수술을 받는 사람들은 수술이 끝난 뒤 평생 동안 거울 속에서 다른 사람의 얼굴을 보며 극심한 혼란에 빠질 마음의 준비를 해야만 한다. 마네킹에 가상현실 기술을 탑재하여 피실험자들에게 실시간으로 정보를 보낸 실험에 따르면, 그러한 설정을 통해 자신을 되돌아보면서 피험자는 대개 순간적으로 정신적 혼란과 유체이탈을 경험하게 된다. 어쩌면 이러한 것들은 '나'에 대한 감각이 얼굴과 얼마나 밀접하게 연관되어 있는지를 강조한다고 볼 수 있다.

가장 기초적인 수준에서 보자면, 거울로 얼굴을 볼 때 빛이 우리의 망막을 때리는데, 이것이 바로 지각이다. 반면에 우리가 보고 있는 것을 해석하는 방식이 바로 통각이다. 어느 날 아침 잠에서 깨어 절망적인 기분일 때 거울을 통해 보는 얼굴은 기분이 좋은 아침의 얼굴과는 상당히 다르다. 이것이 바로 융이 말한 지각과 통각을 구별하는 핵심이다. 통각은 우리가 지각에 속한다고 여기는 모든 것으로 이루어져 있다.

우리의 얼굴과 정체성은 서로 깊이 관련되어 있지만 우리는 자신의 얼굴을 직접 볼 수가 없다. 영화를 찍지 않고서는 타인이 우리를 보는 것처럼 우리 스스로가 자신을 보는 것은 불가능하다(거울로 보는 모습도 좌우가 반대로 나타난다).

심리적으로도 타인이 우리를 보거나 지각하는 방식으로 자기 자신을 보거나 지각하지 못한다. 자아는 이런 것들을 수정하려는 경향이 있다. 이는 다른 사람들의 시선을 피해서 자기 자신의 모습을 크게 제한하는 결과를 초래한다. 모든 이가 자신의 눈에는 정당하게 보이는 것은 놀라운 일이 아니다.

사람을 식별하려면 알려져 있는 외모, 과거, 이름 등이 필요하다. 스타인 박사는 T.S. 엘리엇(T. S. Elliot)의 시한 구절을 통해 우리에게 세 개의 이름이 있음을 알려준다. 하나는 사적이며 오직 우리 자신만이 아는 이름이다. 이름 마저도 숨겨진 형언할 수 없는 수준이 있다. 이 부분에 관해서는 더 자세하게 얘기할 수 있지만, 일단 이름처럼 단순한 것조차도 풍성한 질감이 있고 다층적이라는 점은 인정하자. 이름에 내재되어 있으나 의식하지 못하는 것들이 있다. 의식하지 못하는 것들은 대개 어떤 방식으로든 자기에게로 되돌아온다. 이는 때로는 치명적인 결과를 통해 일어난다.

융은 말한다. "무의식을 의식으로 만들기 전에는 무의식이 당신의 삶을 이끌 것이고 당신은 그걸 운명이라 부를 것이다."

자신의 삶의 비극적인 순간들을 무의식적으로 써 내려가고 나서야 나중에 그걸 깨닫는 경우가 너무나 흔하다. 이것은 부분적으로는 우리 자신의 상태, 특히 무의식에 포함된 상태의 측면들을 정확하고 객관적으로 볼 수 있는 능력이 없어서 발생한다. 자아는 스스로를 온전히 제대로 볼 수 없다.

융은 의식에 대한 우리의 지식이 제한적이라는 것을 알고 있었다. 이것은 엄밀한 탐구가 불가능하다는 말이 아니라 자기 자신의 의식에 관해 완전히 객관적일 수 없음을 인정해야 한다는 말이다. 스타인 박사는 융이 정신을 관찰할 아르키메데스적 관점이 부족하다고 말한 점을 주목한다. 아르키메데스적 관점이란 관찰자가 연구 대상을 완전한 객관성을 가지고 보고 지각할 수 있게 해주는 가설적 관점을 말한다.

현대 물리학은 관찰하는 행위가 관찰되는 장(field)을 변화시킨다는 것을 보여주었다. 우리는 관찰자와 관찰의 대상이 분리될 수 없음을 알게 되었다.

말년에 융은 물리학자인 볼프강 파울리(Wolfgang Pauli)와 친구로 지냈다. 이로 인해 융이 스스로를 검토하는 의식에 대한 문제를 다룰 때, 완전히 객관적인 아르키메데스의 기준점이 근본적으로 불가능하다는 점을 인정하게 되었는지도 모른다. 물리학자의 관찰이 관찰되는 장을 변화시키는 것과 마찬가지로 스스로 자신의 정신에 의식적으로 주목하면 객관성은 사라진다.

우리는 우리의 편향성에 의해 제한을 받는다. 우리가 우리 스스로를 볼 때 외부의 관점으로 보지 않는다. 어쩌면 외계인들은 우리의 정신에 대해 더 많은 것을 우리에게 말해줄 수 있을 것이다. 그들은 비교의 외부적 관점을 가질 것이기 때문이다.

제 10 장
개인 및 집단의 무의식
레너드 크루즈

지각의 가장자리에 있다가 쉽게 뚫고 나오는 것들이 있다. 나는 잠시 차 열쇠를 어디에 두었는지 잊었다가 쉽게 떠올리곤 한다. 이 현상은 우리의 즉각적인 지각을 넘어서지만, 완전히 접근이 불가능하지는 않은 영역이 존재한다는 것을 증명한다. 이 무의식의 영역이 몰랐던 사실을 드러내어주는 경우는 거의 없다.

반면, 무의식에는 더 깊숙하고 접근이 어려운 영역이 존재하는데, 이 영역은 되찾기가 더욱 어렵다. 이 영역은 일반적으로 더 감정적으로 충전되어 있고, 의미가 있다. 융은 초창기에 제시된 단어에 대한 피험자의 감정 반응을 측정하는 단어 연상검사를 시행했다. 융은 피실험자에게 상당한 감정을 끌어내는 단어가 있으며, 이들 단어가 주로 트라우마와 관련이 있다는 사실을 알아냈다. 이 실험에서 융은 처음으로 콤플렉스를 접하게 되었다.

융은 어머니와 딸, 아버지와 아들이 콤플렉스를 공유한다는 증거를 찾아냈다. 문화적 콤플렉스는 새로운 세대로 전달된다. 그 이유 중 하나는 우리가 모방을 아주 잘하기 때문이다. 다르게 반응하는 다른 문화권의 사람들을 만날 때, 문화 콤플렉스의 영향을 받고 있다는 사실을 자각하게 된다. 다른 문화권의 사람들은 서로 콤플렉스를 공유하지 않는다. 융의 단어 연상 실험은 오스트리아의 유명 정신분석학자로 정신분석학을 개척한 지그문트 프로이트가 외상적이고 받아들일 수 없어 억압된 유년 시절의 기억에서 심리적 고통이 생겨난다는 아이디어를 개발한 것과 같은 시기에 행해졌다. 프로이트는 융의 실험적 증거가 행동에 영향을 주는 무의식의 존재를 확인시켜 준다면서 높게 평가했다.

결과적으로, 융과 프로이트는 서로 갈라섰다. 그 이유 중 하나는 무의식에 대한 융의 이해가 병리적 상태를 확인하고 치료하는 것 이상의 목표를 가지고 있었기 때문이었다. 융은 무의식을 개인적(어떤 경우 외상적인) 과거뿐 아니라 특정한 문화 또는 인류 전체 속에서 대규모의 사람들이 공유하는 집단적 무의식의 저장고라고 간주했다. 이 거대한 저장고 안에 민담, 신화, 예술, 영화 등의 주제 안에 나타나는 기억의 흔적과 같은 반복적인 무의식의 패턴들이 존재한다.

집단적인 무의식적 요소들은 인간 정신의 가장 깊은 층에 간직되어 있다. 그것은 어떤 문화 속에서 분명하게 나타날 수도 있지만, 문화의 구성원 중 누군가는 그의 삶에 영향을 미치는 집단적인 무의식의 요소들을 힘겹게 확인하는 경우도 있다. 이것은 부분적으로 우리가 성장한 문화로부터 우리 자신을 분리하기 어렵기 때문이다. 삶에서 집단적 무의식의 영향을 인식하는 것은 물고기에게 물속의 삶이 어떤지를 물어보는 것과 같다. 우리가 아는 전부에 관한 것이다.

제 11 장
개성화: 자신의 길을 찾아서
레너드 크루즈 & 스티븐 부저

융이 미래의 탐구자들에게 주는 큰 선물은 무의식의 영역의 지도이다. 융은 용기 있는 탐구를 통해서 진지한 탐구자들에게 제대로 도움이 되는, 콤플렉스, 원형, 상징과 같은 구조물들을 제시했다.

내면의 풍경을 탐색하려면, 어쨌든 자아가 반드시 동원되어야 한다. 누구나 반드시 자신만의 영혼(정신)의 지도를 개발하는 데 도달해야만 한다. 내면의 지도는 다른 사람들과 많은 부분을 공유할 것이다. 누구나 스스로 아주 개인적인 여행을 반드시 시작하고, 정신의 영역을 탐구해야만 한다. 그때 개성적인 경로를 걷기 위해서는 시대와 문화 그리고 때로는 원 가족의 수다로부터 등을

돌릴 필요가 있다. 융은 우리 각자에게 고유의 길을 개성화라고 지칭했다.

"의식의 행위가 가장 중요하다. 그렇지 않으면 콤플렉스에 의해 압도당하게 된다. 각자 안의 영웅은 개성화의 부름에 답할 필요가 있다. 내면의 소리를 듣기 위해 바깥 세상의 불협화음을 외면해야 한다. 내면의 소리가 일러주는 대사처럼 살아 낼 용기를 낼 때, 우리는 개성을 얻는다. 자기를 안다고 생각했던 사람들에게 낯선 사람이 될 수 있는지는 모르지만, 적어도 자기 자신에게는 더 이상 낯선 사람이 아니다."[51]

BTS는 팬들에게 "나 자신을 사랑하라"라고 격려하는 캠페인을 시작했다. BTS는 다른 사람과 자신을 비교하기를 멈추고, 하고 싶은 것을 찾아 실천하고, 책을 읽는 동안 자기 스스로를 발견하라고 제안한다. BTS는 영혼의 지도를 만드는 자신들만의 전략을 제공한다. 미국의 융학파 분석가 제임스 홀리스는 "개성화의 패러독스는 우리가 스스로의 내면에서 충분히 발달되어 다른 사람을 이용할 필요가 없게 됨으로써 친밀한 관계에 가장 도움이 될 수 있다는 것이다."라고 설명했다.[52]

융은 말했다. "마침내, 한 인간이 자신만의 길을 가고, 뒤덮인 안개 속에서처럼 군중으로부터 받은 무의식적 정체성에서 일어나게 유도하는 것은 무엇인가? (중략) 이것이 흔히 말하는 소명이다. 이는 한 인간을 무리로부터, 낡은 길로부터 해방시키도록 운명 지우는 비합리적인 요소이다.... 소명이 있는 자는 내면의 인간의 목소리를 듣는다. 그는 부름 받았다."[53]

제 12 장
콤플렉스
머리 스타인

융 심리학의 중심은 콤플렉스다. 콤플렉스는 공통적인 주제 또는 원형을 둘러싸고 조직된 지각, 감정, 기억의 무의식적 패턴이다. 융은 초기에 단어들에 대한 감정 반응을 찾기 위해 실험을 했고, 특정 단어들이 강력한 감정적 반응들과 연관된다는 사실을 발견했다. 피실험자들은 반응을 끌어낸 단어들이 정서적인 부하 상태에 있는 기억, 특히 외상 기억과 관련이 있다고 이야기했다. 이 발견은 젊은 정신과의사에게 무의식의 힘이 작용하고 있음을 확인시켜 주었다. 융은 정신에 기억, 지각, 에너지를 합치는 콤플렉스가 존재한다는 결론을 내렸다. 콤플렉스의 핵심적인 역할에 대한 융의 생각은 이후에도 거의 바뀌지 않았다. 콤플렉스는 정신을 구성하는 벽돌과 같다. 콤플렉스가 자율적인 방식으로 작동하기 때문에, 사람이 가진 의지의 작용을 간섭하는 경향이 있다. 또한, 콤플렉스는 감정과 기억을 왜곡한다.

융이 이 연구 분야에 기여하기 전에, 다른 학자들 또한 콤플렉스에 관한 글을 썼다. 프로이트와 그의 추종자 일부는 오이디푸스 콤플렉스나 열등 콤플렉스 같은 개념을 널리 알렸다. 하지만 융은 한 발짝 더 나아가 개인의 성격이 작은 하위 인격처럼 반자율적으로 기능하는 수많은 콤플렉스로 구성된다고 제안했다. 어떤 콤플렉스는 개인의 무의식에 뿌리를 두고 있지만, 어떤 것은 집단 무의식에 기반을 두고 있다.

콤플렉스는 개인에게 강력한 영향을 미친다. 콤플렉스가 모여 대단한 에너지를 분출하고, 우리 자신의 기억과 꿈 그리고 사상의 저장고가 되기도 한다. 그렇다면 콤플렉스의 영향을 어떻게 통제할 수 있을까?

콤플렉스가 행하는 통제를 느슨하게 하기 위해 치료와 분석이 노력할 것이다. 무의식적인 요소들이 의식으로 빠져나옴에 따라, 무의식적 내용물의 개인적 및 집단적 층들 모두를 통해 일할 수 있을 것이다. 이는 개인이 자신만의 영혼의 지도를 만드는 일을 시작하게 한다. 이는 종종 페르조나의 막연한 인식으로 시작되는데 거기서부터 얽힌 것을 풀 수 있다. 이런 탐구, 개성화로 이어지는 왕도는 특정 수준의 용기와 자신에 대한 상당한 애정을 가지고 다가가는 것이다.

우리는 인생 전체에 걸쳐, 계속해서 콤플렉스에 재료를 더한다는 사실을 잊어서는 안 된다. 기억, 지각, 경험은 콤플렉스의 렌즈를 통해서 만나게 된다. 콤플렉스의 모든 재료들이 정리되어, 초월하게 되는 '각성'의 순간들이 정말 일어난다. 우리가 영혼과의 조우를 위해 준비하며 시간을 들여왔다면, 이 순간은 특히 변환의 경험이 될 수 있다. 하지만 평범한 의식은 불가피하게 돌아오고, 콤플렉스의 영향을 파악하기 위한 투쟁은 계속된다. 치료와 분석은 무의식의 내용물을 의식의 빛으로 가져오려 하지만, 페르조나와 결탁한 자아는 이 노력을 막는 무서운 상대로 판명된다.

개인 및 집단 콤플렉스를 영원히 벗어났다고 생각하는 사람은 환상에 빠져 사는 것이다. 개인과 집단 콤플렉스, 원형적이고 문화적인 영향은 최종적으로 지나쳐 갈 수는 없는 것이다. 이런 어리석음에 빠지는 사람은 건전하지 못하고 어쩌면 위험할 수 있는 정신적 상태인 자기 팽창에 빠진 것이다. 이때 사람의 자아는 의식과 무의식의 정신 전부인 더 큰 자기와 동일시하게 된다. 최근에 알츠하이머나 머리에 반복적인 충격이 가해지면서 걸리는 만성 외상성 뇌질환 등의 만성적인 퇴행성 신경질환이 콤플렉스에 남기는 영향에 관해 추론해 달라는 요청을 받았다. 나는 기억이 사라지고 지워진다고 하더라도 무의식적인 콤플렉스는 계속 작용하고, 그 결과 비이성적인 행동을 유발한다고 추정한다. 이런 상황에서 기억의 지지를 받던 이성적인 생각은 약화되거나 완전히 사라진다. 하지만 본능과 비이성적인 마음은 남는다. 이것은 바로 병리적 작용이 콤플렉스에 어떻게 영향을 미치는지에 대한 단순한 짐작일 뿐이다.

제 13 장
자신을 사랑하라, 자신의 이름을 알라, 자신을 말하라
레너드 크루즈 & 스티븐 부저

개성화의 과정은 내면에 나타나는 형상들과 대화하고 친구가 되는 것을 포함한다. 적극적 상상(우리 내면의 형상들과 대화하는 실습) 사용, 그림, 창조적인 예술, 모래놀이 치료, 일기 쓰기는 무의식을 의식으로 가져오는 것을 돕는 도구들이다.

진정한 자기를 드러내는 것은 정말로 위험한 것으로 느껴진다. 거절당하고, 배척당하고, 내쫓길 위험이 있다. 우리가 사회에 적응하기 위하여 타협을 할 때마다 진정한 자기를 배반하리라는 것을 각오해야 한다. 사람이 순응하려고 하면 가면이 만들어진다. 자신이 쓰고 있는 가면과 지나치게 동일시한다면, 정신의 진정한 측면과는 멀어지게 될 것이다. 페르조나가 붕괴되기 시작하는 사람은 복 받은 사람이다.

영화 스파이더 맨 3 편에서 주인공은 지구에 도달한 운석에 포함된 물질과 접촉하게 된다. 그 물질은 스파이더 맨의 부정적인 측면을 이끌어 내는 일종의 공생적 특성을 가지고 있다. 그것은 스파이더 맨의 그림자 측면을 이끌어 낸다. 검은색 스파이더 맨의 복장을 한 그림자 스파이더 맨은 복수심에 차서 행동하는데, 폭력성이 억제되지 않고 심지어 살인까지 한다. 피터 파커, 스파이더 맨이기도 한 슈퍼 히어로가 아닌 사람이 자신의 그림자 측면과 대면할 때 드라마는 극에 달한다. 진정한 승리는 더 어두운 측면들을 다루게 될 때이다.

당신이 페르조나와 강하게 동일시한다면, 시간이 지나면, 페르조나가 허용하는 것만 느끼게 될 것이다. 이것은 정신을 산만하게 하는 감정이나 공격을 무시하게 하는 상황에서는 당신을 강하게 해주지만, 동시에 본래의 방식으로 사고하는 것을 방해한다. 페르조나는 특히 가면이 배우의 얼굴에 너무 밀착되어 있을 경우, 사고와 감정을 제한한다. 그 혹은 그녀는 특정 역할에서는 훌륭한 배우일 수 있지만, 상황이 바뀌면 감을 잃을 것이고, 가면은 더 이상 틀에 잘 들어맞지 않게 된다.

페르조나가 해체되기 시작할 때, 개성화 과정은 가속이 붙는다. 페르조나는 필요한 정신적 요소이고, 페르조나의 붕괴는 위협적으로 느껴지는 법이다. 가면-페르조나-뒤에 우리의 진정한 본성을 숨기는 것은 서서히 퍼지는 악성의 영향을 낳는다는 것을 반드시 기억해야 한다. 페르조나의 붕괴는 개성화의 과정을 촉진시킨다.

정신적 생활에 나타나는 것이 무엇이든 전체가 아니라 부분으로 여겨진다는 것을 기억하라. 당신을 진정으로 사랑하기 위해서는 자신의 모든 것을 사랑해야 한다. 자신의 자아만을 사랑한다면, 당신이 누구인지에 대한 경이로운 전체성을 놓치게 될 것이다. 이것은 또한 당신이 세상을 사랑하는 능력을 떨어뜨린다. 당신이 사랑할 수 없거나 더 나쁘게는 당신이 경멸하는 당신의 부분들은 다른 이들에게 투사된다. 극단적으로 이는 세상과 타인에 대한 증오를 유발할 수 있다. 잔인성과 악의로 행동하는 사람 중 자신을 제대로 인지하는 사람은 거의 없다. 테일러 스위프트의 노래 'Shake it off(떨쳐 버려)'에 나오는 유명한 가사, '증오하는 자들은 계속 증오하겠지 (haters gonna hate)'가 떠오른다.

BTS의 RM이 UN 연설에서 말했듯 "자신을 사랑하라. 세상을 사랑하라. 당신의 이름을 알라."

"이제, 한 단계 더 나아가 봅시다. 우리는 자신을 사랑하는 법을 배웠어요. 이제 나는 당신이 자신을 말하기를 촉구합니다. 당신 모두에게 묻고 싶어요. 당신의 이름이 뭐죠? 무엇이 당신을 흥분시키고 당신 심장을 뛰게 하죠?

당신의 이야기를 들려주세요. 당신의 목소리를 듣기를 원하고 당신의 신념을 듣기를 원합니다. 당신이 누구건, 어디서 왔건, 당신 피부색, 성별이 무엇이든지: 당신을 말하세요. 당신의 이름을 찾으세요. 당신을 말함으로써 당신의 목소리를 찾으세요.

저는 김남준이고, BTS 의 RM 입니다. 힙합 아이돌이고 한국의 작은 마을 출신의 아티스트입니다."

나는 스타인 박사가 T.S. 엘리엇의 시 "고양이 이름 짓기"를 인용하여 언급한 생각들로 돌아가 보려 한다. 우리에게 주어진 이름, 사람들이 우리를 인지하는 수단으로서의 이름은 깊이 각인되어 있다. 우리는 자라서 이 이름이 되고, 이 이름이 우리에게 주로 부과된다. 점차 우리는 우리의 이름과 "나"를 연결한다. 이름을 바꾸는 것으로 이름에서 어떤 사람을 떼어내더라도 자신의 "나"라는 감각은 바뀌지 않을 수도 있고, 그 사람을 계속 그 이름으로 아는 사람도 종종 있다. 예를 들어, 나는 23 세에 아내를 만났는데, 그녀가 나를 렌(Len)이라고 부르기 시작했다. 내가 아내를 만나기 전에 나를 알던 사람들을 제외하고는, 렌이 원래 이름인 레너드(Leonard)나 애칭인 레니(Lenny)를 대체했다.

절친한 이들이 아는 이름도 있다. 별명이나 '내꺼', '애기야' 같은 애칭이 그런 것이다. 왕따시키는 사람들이 부르는 이름조차도 어느 정도 사적인 연결을 요구한다. 직장 동료가 배우자가 사용하는 친밀한 이름으로 부른다면, 놀라거나 당황스러울 것이다. 이는 별명이나 애칭이 소규모 집단이나 지인의 내부에서 사용되게 지정되었다는 것을 보여준다. 시간이 지남에 따라, 우리는 그이름이 되어 간다. 처음 여자친구가 '애기야'라고 불렀을 때와 셀 수 없는 기쁨과 슬픔을 나눈 수십 년의 결혼 생활 후에 아내가 '애기야'라고 부를 때의 느낌은 다를 것이다.

마지막으로, 자기만 아는 이름이 있다. 이는 가장 사적인 자신의 반영이다. 이 사적인 이름이 경계 상태의 지역, 중간 영역에서 종종 불린다. 그 이름으로 불리는 사람은 종종 다른 목소리들, 즉, 융을 찾아온 필레몬과 같은 일시적인 존재, 깊은 곳에서부터 유혹하는 동시성적인 순간들로부터 이름이 불리는 경험을 한다.

우리가 천상의 영역과 접촉할 때, 무생물조차도 우주의 목소리로 말을 하는 듯 보인다. 어떤 이들에게는 깊은 곳의 영혼은 바위에서, 나무에서, 책이나 노래에서 소리친다.

나는 책을 사랑하는데 종종 책이 내게 말하는 것을 감지한다. 내 딸들 중 하나는 열정적인 암벽등반가인데, 춤과 음악을 사랑하는 다른 딸들이 춤출 때나 음악을 들을 때 깊은 인상을 받는 것처럼 보이는 것과 같이, 그 딸이 암벽과 다정히 이야기하는 것을 보았다고 나는 믿는다.

BTS 의 RM 은 자신의 팬들에게 "자신의 이름을 알라"고 촉구한다 이것은 모든 이들이 도전해야 하는 것이다.

가장 깊은 이름은 자기만 아는 이름인데, 어떤 경우에는 최선의 노력으로도 되찾기 어려운 이름이다. 우리가 누구인지에 대해 너무나 많은 부분이 계속 무의식으로 남아 있다. 그것을 찾아내어 의식으로 통합시키는 데는 평생 동안의 공들인 작업이 요구된다.

정통 유대교의 주의사항 중에는 결코 신의 진짜 이름을 쓰거나 말하지 않아야 한다는 것이 있다. YAHWEH(야훼) 대신 YHWH 가 사용된 것은 깊은 경외와 신의 이름을 사용하는 것이 신을 축소시킬 것이라는 인식의 신호에서 나온 것이다. 성 아우구스티누스 (Augustine of Hippo)는 말했다. "당신이 이해한다면, 그것은 신이 아니다." 우리의 세 번째 이름은 유대인이 신을 이름에서 모음자를 제외하고 지칭하며, 상징을 제자리에 남겨두었던 경건한 방식과 아마도 비슷할 것이다.

우리의 진정한 이름을 발견할 수 있는 장소에 도달하려면, 반드시 교육의 영향을 떨쳐내야 한다. 반복된 상처와 부상으로부터 생겨나는 공포와 경계를 표출해야 한다. 실수와 연관된 수치심을 벗어 던져야 한다. 무엇보다도, 문화적인 제약을 인식하고 우리를 자유롭게 해야 한다. 이 마지막 과업을 수행한 자는 우리가 공유하는 인간성을 존중할 준비가 더 잘될 것이다. 진정성 있게 살기를 희망한다면, 반드시 당신의 가장 깊은, 가장 신실한 이름을 찾아야 한다.

후기 (Afterwards)
머리 스타인

모든 것이 이제 인간에게 달려 있다
(융, 욥에의 응답, 제 675 절)

나는 BTS 가 내 저작에 관심이 있다는 것을 취리히의 국제분석심리학교 International School of Analytical Psychology 의 일본인 학생을 통해 알게 되었다. 내 이전 책, <융의 영혼의 지도>가 BTS 의 웹사이트에 추천되었다는 것을 듣고는 기쁘고도 놀라웠다. 이후, 그 학생이 BTS 의 새 앨범이 "영혼의 지도: 페르조나" 라는 타이틀로 나왔다고 했을 때, 강한 인상을 받았다. 이로부터 영감을 받아 수십 년간 내가 작업했던 많은 생각을 제시할 수 있는 같은 제목의 짧은 책을 쓰게 되었다. 이 생각에 익숙해지는 데는 시간이 걸렸다. 이게 무엇을 의미하는지 나는 여전히 알지 못한다. 그러나 이것이 다른 사람들이 융이 우리에게 준 심오한 통찰을 접하게 하는 데 큰 도움이 될 것이라고 믿는다. 나는 융의 생각이 젊은이들 사이에서 대중화되고 있다는 것이 특히 기쁘다. 젊은이들이 진지하게 이런 주제들을 탐구하고, 더 진정성 있게 사는 데 관심을 보이고, 그리하여 더 사랑이 깃든 세상을 만들 가능성이 있어서 힘이 난다.

나는 BTS의 이전 작업들 일부를 들어보고 연구하기 시작했다. BTS는 의식을 고양하고, 군중심리를 방지하며, 자기 수용을 향상시키고, 특히 젊은이들 사이에서 너무나 많은 부분을 괴롭히는 자살이라는 전염병과 싸우는 대의명분에 헌신하는 진지하고 사려 깊은 젊은이 그룹이라는 인상을 주었다. BTS는 삶이 살아갈 가치가 있는 것이라고 말한다. 그리고 "영혼의 지도: 페르조나"가 아마도 이런 가치 있는 노력을 도울 수도 있을 것 같다.

BTS는 메시지를 가지고 있다. 많은 팝 아티스트들도 메시지를 지니는데, 의식이나 정체성, 사랑이나 긍정적인 심리적 발달보다는 분노와 격분인 경우가 많다. BTS의 팬 그룹인 ARMY는 지극히 헌신적이고 정중한 것 같다.

나는 BTS가 데미안, 오멜라스를 떠나는 사람들, 닥터 도티의 삶을 바꾸는 마술가게 등의 다양한 책들을 사용해서 상징으로 가득 찬 콤플렉스 이야기들을 엮어내는 방식에 넋을 잃어버렸음을 고백하지 않을 수 없다. 창조적인 음악적 시도에 영감을 불어넣기 위해 창조적인 작품을 사용하는 능력은 매력적이다. 아마도 ARMY가 카를 융이 탑을 조각해서 건설하고 거기서 은둔했으며, 손으로 그린 천연색 그림들과 글씨를 배치해 놓은 <레드북>이라는 책을 만든 사람이라는 것을 알면 흥미로워할 것이다. 이는 종종 창조적일 수 있는, 그에 더해 다양한 장르에서 창조해 낼 수 있는 능력이 있는 심리적 깊이와 유연성의 표시이다.

BTS의 콘서트에 가보면 그들의 메시지가 왜 이토록 영향력이 있는지를 이해하는 데 도움이 될지도 모르겠다. BTS가 그들의 팬들과 많은 수준에서, 어떤 경우에는 비합리적인 수준에서 소통한다고 짐작한다. 상징은 합리적인 것을 넘어서는 것이며, 우리가 설명하지 못하는 방식으로 우리의 주의를 끈다. 우리는 단지 상징이 우리에게 미친 영향에 대해서 숙고하고, 어떻게 상징이 우리를 움직일 수 있는지를 이해하려 노력할 뿐이다.

융은 오늘날에도 의미가 있고, 아마도 그 어느 때보다도 의미가 있다. 융의 이론의 가치는 사람들이 그것을 테스트해 보고, 새로운 방식으로 사용해 볼 때에만 알게 될 수 있다. 지금은 융학파 분석가가 모든 대륙에 있고, 세계 곳곳에서 스터디 그룹들과 수련 프로그램들을 찾을 수 있다. 한국을 예로 들자면, 이부영 교수가 1960 년대 중반에 스위스 취리히에서 융학파 분석가 수련을 받은 후, 융의 정신을 서울로 가져가, 융의 많은 저작을 번역하고, 대학에서 새로운 세대의 정신과의사들을 가르침으로써 대중들에게 융의 견해를 소개하는 일을 책임져 왔다.

융학파는 계속 세계적으로 성장해 가고 있는데, 1990 년 냉전의 종말 이전에 융의 사상을 접하지 못했던 지역에서 특히 더 빠르게 성장하고 있다. 융의 시대 이래로 수백 명의 공헌자가 있어 왔고, 많은 언어로 융 관련 출판물들이 출간되고 있다. 나는 융 심리학이 이번 세기와 그 너머에서 아주 밝은 미래를 가진다고 이야기할 수 있어서 너무나 행복하다. 54

"한 사람이 좋은 시민, 애정이 깊은 아들이나 딸, 교회나 학교와 국가에 헌신하는 멤버, 믿음직한 고용인, 남편이나 아내, 아버지나 어머니, 윤리적인 직업인이 되면, 사람들은 그 사람을 신뢰하고 높은 존중을 주어도 된다고 확신한다. 그런 사람은 자기 자신이 아니라 가족이나 공동체, 국가, 심지어 인류 전체를 명확하게 대변한다. 그토록 신실하고 한결같은 페르조나를 받아들인 개인이 자신의 진정한 개성을 의식하지 못한 채 지낸다면, 그 개성은 발견되지 못한 상태로 남아 있게 되고, 동일시해 버린 집단적 태도의 대변자에 불과하게 된다. 잘 구성된 페르조나는 생존과 사회적 성공의 실제적 목적에 분명한 장점이다. 그래서 한 개인의 이익에 어느 정도는 도움이 될 수도 있겠지만, 개성화의 목표는 아니다.

아주 당연히, 매끈하고 잘 기능하는 페르조나를 만드는 것이 그렇게 쉬운 일이 아니기 때문에, 사람들은 여기서 그만두고 싶다는 유혹을 느낀다. 페르조나를 구성하는 개인적 요소와 동일시하는 것이 한편으로는 개성화의 장애물이라면, 집단 무의식의 원형적 특성들과의 동일시는 극복하기 훨씬 어려운 (더 감지하기 힘들기 때문에) 또 다른 장애물이다.[55]

저명한 융학파 분석가 마리오 야코비는 이렇게 썼다.

"강한 자아는 유연한 페르조나를 통해 바깥 세계와 관계 맺는다. 의사, 학자, 예술가 등등의 특정 페르조나와의 동일시는 심리적 발달을 저해한다."[56]

2019

Endnotes

1 Hall, James A., The Jungian Experience: Analysis and Individuation,
InnerCity, Toronto, 1986, p 19.
2 Stein, Murray, The Principles of Individuation, Chiron Publications, Asheville, 2015, p 11.
3 Stein, Murray, Jung's Map of the Soul, Open Court, Peru, IL, 1998, p22.
4 (Ibid, p 56)
5 (Ibid, p 55)
6 (Ibid, p54)
7 "The Structure of the Unconscious" CW, vol. 7, Par
8 Stein, Murray, In Midlife: A Jungian Perspective, Chiron Publi- cations, Asheville, 2014, p 38.
9 Stein, Murray In Midlife: A Jungian Perspective, Chiron, Asheville, p 35.
10 (Ibid, p 117)
11 Stein, Murray, The Principles of Individuation, Chiron Publications, Asheville, 2015, p iv
12 (Ibid, 56)
13 (Ibid, p 41)
14 (Ibid, p 56)
15 Wilmer, Harry, Understandable Jung: The Personal Side of Jung Psychology, Chiron, 2014, p 33.
16 (Ibid, 109)
17 Henderson, Joseph, Shadow and Self, Chiron, 1990, p 64.
18 Wilmer, Harry Practical Jung, p 65
19 (Ibid, p 67)
20 Johnson, Robert, Owning Your Shadow, HarperCollins, 1993, p 4.

21 Jung, Memories, Dreams, Reflections, Vintage, Ney York, 1965, p 88.

22 Wilmer, Harry, Practical Jung, Chiron, p 96.

23 Hannah, Barbara, Lectures on Jung's Aion, Chiron, 2008, p 18.

24 Wilmer, Harry, Practical Jung, Chiron, p 109

25 Stein, Murray In Midlife: A Jungian Perspective, Chiron, Asheville, p 78.

26 Jung, CW 9, p103.

27 (Ibid, p 13-19)

28 Jung, CW Vol 9/11. Par. 1.

29 Jung, CW Vol 9/11 par. 11.

30 Jung, CW Vol 9/11 par

31 (Ibid, p 17)

32 Jung, CG, The Development of Personality, CW. Vol 29, p 299- 300.

33 Jung, CG, The Question of Psychological Types: The Correspondence of C. G. Jung and Hans Schmid-Guisan

34 Johnson, Robert, Inner Gold, Koa Books, 2008.

35 Stein, Murray, The Principles of Individuation, Chiron Publications, Asheville, 2015, p 76.

36 Stein, Murray, In Midlife: A Jungian Perspective, Chiron Publi- cations, Asheville, 2014, p 85-86.

37 Stein, Murray, In Midlife: A Jungian Perspective, Chiron Publi- cations, Asheville, 2014, p 26.

38 (Ibid, p 27)

39 (Ibid, p 33-34)

40 Stein, Murray, Jung's Map of the Soul, Open Court, Asheville, p 49.

41 Stein, Murray, Jung's Map of the Soul, Open Court, Asheville, p52.

42 (Ibid, p 52)

43 Jung, CW, Vol 8, par. 204.

44 (Ibid)

45 (Ibid, p xvii)

46 (Ibid, p 17)

47 Stein, Murray, The Principles of Individuation, Chiron Publications, Asheville, 2015, p 4-6.

48 Stein, Murray, The Principles of Individuation, Chiron Publications, Asheville, 2015, p 8.

49 Stein, Murray, The Principles of Individuation, Chiron Publications, Asheville, 2015, p 9-10.

50 Otsuka, Y, Face Recognition in Infants: A review of behavioural and near-infrared spectroscopic studies, Japanese Psychological Research, 2014, Volume 56 No. 1, 76-90.

51 Hollis, James, The Middle Passage, InnerCity, Toronto, 116.

52 (Ibid, p. 95)

53 Jung, The Development of Personality, Para 299-300.

54 Interview with Laura London in "Speaking of Jung: Interviews with Jungian Analysts" in answer to questions presented by BTS related to Jung's Map of the Soul, Open Court, Peru IL, 1998.

55 Stein, Murray, The Principles of Individuation, Chiron Publi- cations, Asheville, 2015, p 13-15.

56 Jacoby, Mario, The Analytic Encounter, InnerCity, Toronto, 1984, p 118.